网络营销与电商实战培训教程

迅 雷◎著

中国商业出版社

图书在版编目（CIP）数据

网络营销与电商实战培训教程 / 迅雷著. -- 北京：中国商业出版社, 2019.12
ISBN 978-7-5208-1036-4

Ⅰ.①网… Ⅱ.①迅… Ⅲ.①电子商务—网络营销—教材 Ⅳ.①F713.365.2

中国版本图书馆CIP数据核字(2019)第271220号

责任编辑：朱丽丽

中国商业出版社出版发行
010-63180647　　www.c-cbook.com
（100053　北京广安门内报国寺1号）
新华书店经销
三河市宏顺兴印刷有限公司印刷
*
880毫米×1230毫米　32开　6印张　124千字
2020年2月第1版　2020年2月第1次印刷
定价：39.80元
****
（如有印装质量问题可更换）

序

客观地说，从来没有一种模式像今天的网络营销这样颠覆性地改变了人们的生活，它既可以说是一种新产品，也可以说是一个新平台，更可以说是一种新媒介，时至今日，它的模式几乎覆盖、影响了现代商业的所有行业，许许多多的传统行业以及模式因它的出现而萎缩、改变，甚至消亡。

强大的新生事物自有它与众不同、卓尔不群的气势，也总是在某些方面代表了一种超前的趋势，以现代互联网技术和通信技术为基础的网络营销就是这样一种强大的新生事物。它拥有传统营销模式所不具备的诸多特征，这些特征让它独占鳌头，成为新时代销售行业的"宠儿"。

传统的营销方式在网络营销面前黯然失色，随着人们对网络营销的认可，网上沟通、网上购物、网上娱乐、网上寻找商机已经成了一种普遍的商业模式。低廉的价格和扁平化的营销结构强烈吸引着人们，越来越多的企业和创业者投入网络营销的大潮中。渠道不再是商业打不破的壁垒，思路、创新和方法将会引领未来商业发展的方向。

完全可以预见，在未来的商战中，电子商务必然占据主导地位，借用微软之父——世界首富比尔·盖茨说的一句话："21世纪要么是电子商务，要么是无商可务。"

电子商务在我国的发展方兴正艾、如火如荼，正如前面所说，越来越多的企业和创业者投入网络营销的大潮中，梦想实现人生飞跃。这种趋势无法阻挡。

需求决定价值，在网络营销人才需求很大的情况下，本书的出版对那些渴望了解和掌握网络营销技术的经营者和创业者来说，是一种极好的助力。

本书通俗易懂，实战性强，能帮助读者迅速提升营销意识和实战经验，为走上电商之路开辟了一条捷径。

CONTENTS 目录

» **第一章**
需要了解的网络营销和电商概念

一、什么是网络营销 _ 003

二、网络营销与电子商务、网络推广的关系 _ 005

三、流量和流量交易 _ 007

四、SEM 与 SEO _ 009

五、点击率、转化率及客单价 _ 011

六、推广的费效比 _ 013

» **第二章**
需要掌握的网络营销运营知识

一、网络营销计划与基本步骤 _ 019

二、网络营销盈利模式 _ 022

三、网络广告的策划与投放 _ 025

四、网络商品发布的注意事项 _ 029

五、网络客户寻找商家的路径 _ 032

六、在线沟通工具的使用 _ 033

▶ 第三章
网络营销平台的搭建与店铺装修

一、网络营销平台搭建 _ 039

二、网络店铺装修 _ 044

▶ 第四章
常用的网络推广方法

一、淘宝直通车 _ 051

二、钻石展位推广 _ 056

三、淘宝客推广 _ 059

四、IM 推广 _ 061

五、SNS 推广 _ 064

六、RSS 推广 _ 067

七、EDM 推广 _ 069

八、病毒式推广 _ 072

九、友情链接 _ 075

十、论坛推广 _ 078

十一、软文推广 _ 081

第五章
常用的网络营销方法

一、微博营销 _ 089

二、活动营销 _ 091

三、内容营销 _ 093

四、野蛮营销 _ 095

五、视觉营销 _ 098

六、口碑营销 _ 102

七、会员营销 _ 106

八、数据库营销 _ 108

九、播客营销 _ 112

十、新闻热点营销 _ 113

十一、网红经济 _ 115

第六章
网络引流策略及利用

一、争取好的自然排名 _ 121

二、拟定有吸引力的标题 _ 123

三、做好图片宣传 _ 124

四、有竞争力的价格 _ 126

五、让详情页为你加分 _ 129

六、争取客户的好评 _ 132

七、提高店铺评价 _ 136

第七章

数据化运营

一、数据分析的指标 _ 141

二、数据分析的流程 _ 143

三、单品与店铺数据分析与把控 _ 145

四、数据分析工具 _ 148

第八章

优化客服管理

一、售前客服的要求和管理 _ 153

二、售后服务的要求和管理 _ 154

第九章

打造口碑，创立品牌

一、品牌的现实意义 _ 159

二、如何打造网络品牌 _ 160

第十章

方兴未艾的移动营销

一、传统手机营销和手机网络营销 _ 167

二、手机 APP 应用营销 _ 170

三、微信精准营销 _ 174

四、微信公众号营销 _ 177

五、二维码营销 _ 181

第一章
需要了解的网络营销和电商概念

时至今日,"网络营销"已经不是一个让很多人感到陌生的新名词了。现在它已经多方位地融入我们的日常生活中了。绝大多数人对网络营销已经很熟悉了。如果你现在对网络营销还很陌生的话,说明你已经落伍了。

一、什么是网络营销

网络营销是随着互联网技术的飞速发展而产生的，是互联网商用化的重大结果。

互联网独一无二的实用性、便捷性使它刚一问世就得到极大关注，使用者以几何级数不断激增，这让那些眼光独到的商家从中看到了巨大商机。他们开始尝试"走进"网络，纷纷在网上推介自己、发布信息、推广产品，逐渐开创了一种新型的市场营销模式，这就是网络营销。

简单来说，网络营销就是以互联网络为基础，利用数字化的信息和网络媒体的交互性来辅助营销目标实现的一种新型的市场营销方式。它分为互联网营销和移动互联网营销。

正所谓：不鸣则已，一鸣惊人，网络营销一改过去的营销模式，让人们不再局限于以往的营销手段和沟通方式，代之以更加直接、更加便捷、更加高效以及更加人性化的方式与消费者进行沟通交流，继而达成交易和合作。

短短几年的时间，这种营销新模式就得到了极为广泛的应用，其势头可谓铺天盖地，越来越多的人选择在网上沟通、交友、娱乐、购物等，特别是年轻人更是成为网络的忠实粉丝，甚至到了无"网"不欢、无"网"不活的程度。

网络营销有着传统营销无可比拟的巨大优越性，它有几个十分明显的特征：一是跨时空性，二是个性化，三是高效性，四是经济性，五是技术性。

网络营销的跨时空性表现在从事网上营销的个人和企业有更多时间和更大空间对产品进行推介和销售，愿意的话，可以每周7天，每天24小时提供营销服务，彻底潇洒地与"日出而作，日落而息"的传统模式告别。

网络营销的个性化表现在消费者可以依据自己的喜好、习惯、实际需要等要求制造者或经营者生产自己需要的产品或提供服务，也就是所谓的定制服务，从而实现个性化满足。

由于互联网的便捷性，消费者的意愿能很快反馈到经营者和生产者那里，这样生产者和经营者能及时更新产品或调整产品价格，从而实现高效营销、高效服务。

网络营销通过互联网进行信息沟通与产品销售，一定程度上降低了店铺租金、人工、仓储、物流等成本，不但高效，而且经济。

网络营销是有高技术含量的营销活动，是建立在高速发展的互联网基础之上的，它要求商家网上营销人员必须具备相关的信息管理和互联网销售技术，才能顺利实施、完成销售行为，才能在竞争激烈的市场中占据优势。这种高技术含金量也是网络营销区别于传统营销较为明显的重要特征。

网络营销作为一种大势所趋的销售新潮流、新模式，已经对我们的生活、工作产生了巨大影响，如果到现在，你还对网上购物、网上沟通、网上获取信息一窍不通，甚至有所抵触，则是不可思议的。事实已经证明，网络是一种有益于我们工作、生活的新生事物，因此，我们一定要积极学习相关技能，努力使其成为自己工作、生活的有力助手。

二、网络营销与电子商务、网络推广的关系

电子商务简称电商，笼统地讲，电子商务是指以信息网络技术为手段，以商品交换为中心的商务活动。这里所讲的电子商务是指以互联网为基础所进行的各种商业事务活动。

网络营销与电子商务之间的关系如下：

包含与被包含的关系

网络营销与电子商务的关系很好厘清。可以这样简单理解两者的关系，网络营销包含在电子商务之中，是电子商务中推广产品或提供服务的部分，再加上后面的付款与发货以及售后部分，就构成了完整的电子商务环节。

相互支撑相互扶持

网络营销与网络推广的关系也很好理解。介绍之前需要先了解一下网站知识。网站是商家在互联网上体现存在的一种方式，每个企业在进行网络销售前，都要建立自己的网站或者第三方网站。商家在网站上发布商品消息、推广产品、与客户沟通。绝大多数网民也都是通过访问各类网站，获取商家信息和服务的。可以说，网站建设是网络营销一个十分重要的基础工作。

网站由域名、空间、程序和网页组成。要注意的是，网站不仅仅包括自己建设的网站，还包括其他平台上的网站，比如阿里巴巴、京东等平台上的网站。这些网站中的大多数都是可以销售

产品和服务的。

无论是网络营销，还是网络推广，都是在网站建设好上线以后才能进行的后期工作，是立足于网站的营销活动。

回到网络营销与网络推广关系上来。从概念层面来看，网络营销和网络推广的关系类似于电子商务与网络营销包含与被包含的关系。网络推广是小概念，包含在网络营销中，是其推广、促销产品和服务的部分，其手段多种多样，没有固定和标准形式。如果将网络营销理解成"面"的话，那么，网络推广就是"面"上的一个"点"。如果说网络推广重在"推广"，那么网络营销就重在"营销"。

从考核层面来看，网络推广主要考核的是具体的工作量，比如开直通车（一种推广工具）推广，只需要保证花了多少钱开直通车即算完成任务；而网络营销考核的是转化率或收益，即推广的效果如何，花多少钱开直通车不管，要看的是花了这些钱能换来多大收益。显然，商家主要关心的是后者，因为后者决定了收益和利润，前者只是手段。

从执行层面来看，网络推广注重的是执行力度，也就是看用了多大劲儿推销产品；而网络营销注重的是方法和策略，注重的是效果。

从投入层面来看，网络推广的投入成本要较网络营销投入少，甚至一个人就可以进行，但网络营销投入则要大得多，常常需要一个团队协作完成。

综合来看，网络推广是网络营销效果显著与否的关键所在，是实现结果的手段，有着非常重要的价值和意义。在目前竞争激烈的市场环境下，网络营销如果脱离了网络推广，则势必难以达成目标，即便是好的产品和好的服务。

三、流量和流量交易

这里所说的流量指的是网站流量，即网站的访问量，具体指一个网站的访问用户数量，以及用户所浏览的页面数量等指标。

通常流量统计指标包含独立访问者数量、重复访问者数量、页面浏览数、每个用户页面浏览数、网站访问的独立IP数，以及访问者在网站的平均停留时间等。

其中，独立访问者数量（简称UV）、页面浏览数（简称PV）、网站访问的独立IP数（简称IP）为最重要的三个流量统计指标，具有重要参考意义。

流量是一个网站价值的决定性因素，是店铺的基础保障，是店铺运营的前锋，一般来说，一个网站的流量越大，意味着该网站赚取利润的空间就越大。

流量可以转化为现实的收益，这个过程被称为流量变现，也就是所谓的流量交易。流量交易可以带来利润，它分为广义的流量变现和狭义的流量变现。

广义的流量变现一般是指网站经营者通过多种方式，将网站的流量转化为现金收益的过程。至于转化的方式则有很多。例如多种模式的电子商务、网上宣传线下交易等形式。广义的流量变现是互联网企业赚取利润的主要方式，因此也是其大力发展的方向。

狭义的流量变现范围相对窄了很多，主要是指将网站的访问流量转化为现金收益的过程。通常有三种模式。

第一种是自己寻找广告客户。这是一种相对较早的流量变现方式。就是吸引客户到自己的网站投放广告而赚取收益。

第二种是广告联盟变现。就是通过广告中介公司将自己的网站流量变现，这是一种最为常见的流量变现方式。

第三种是返利网模式。客户只要通过网站进入卖家店铺，交易达成后，网站就可获得返利。

流量分为站内流量和站外流量。站内流量又有免费流量和付费流量之分。就阿里巴巴网站来说，站内流量指的是阿里巴巴平台带来的流量。站外流量就是阿里巴巴以外的平台引进来的流量。

免费流量指通过各种免费流量渠道进入店铺，以淘宝为例，通过淘宝首页、淘宝论坛、淘宝自然搜索等进入的流量都为免费流量。付费流量是指通过付费渠道进入店铺的流量。如通过淘宝客、直通车、钻展、聚划算等进入的流量。

这里涉及另外一个概念叫自然搜索，自然搜索就是指访客通过免费流量渠道进入店铺，这种流量渠道就是自然搜索。

流量来源是多样化的，作为商家，一定要根据自身店铺的定位和产品特征做好引流工作。在店铺初期，要做好、夯实基础工作，提升搜索权重，获取流量。在后续运营中，商家要根据实际情况进行精细化流量运营，努力让每个流量都产生最大化的价值转化。

四、SEM与SEO

SEM是Search Engine Marketing的缩写，中文意思是"搜索引擎营销"，就是根据用户使用搜索引擎的方式利用用户检索信息的机会来进行网络营销和推广。SEM本质上属于一种网络营销形式。这里含有另外一个概念，那就是搜索引擎。

何为搜索引擎？搜索引擎就是指运用特定的计算机程序从网上搜集信息，在对信息进行组织和处理后，为用户提供检索服务的系统。它是为了解决用户如何从互联网上寻找有效信息的问题而产生的。据统计，一半以上的用户通过搜索引擎来寻找商家，就像一条导引链条，所以说搜索引擎对商家来说非常重要。谷歌、雅虎是世界知名的搜索引擎，国内知名搜索引擎有百度、新浪、搜狗等。

补充一下搜索引擎的工作原理，便于加强对相关内容的理解。搜索引擎如同一个巨大的数据库，它派出一个能够在网上发现新网页并抓取文件的程序，这个程序英文名为spider，中文通常称之为蜘蛛。

蜘蛛接到命令后就到互联网上浏览网页，它从一个网页爬到另一个网页，对网页内容做初步的过滤。之后把抓取到的一些有意义的内容存放在临时数据库。搜索引擎对这些内容进行筛选，然后把一些内容好的页面建立索引。用户在搜索引擎界面输入关键词，然后单击搜索按钮，搜索引擎程序即根据搜索关键词对存储内容进行搜索。

SEM以企业网站为基础，在没有建立网站的情况下很少被采用，极特别的情况下用来推广网上商店和企业黄页等。在用户定位方面，SEM有着很强的功能，特别是搜索结果页面的关键词广告，与用户检索所使用的关键词高度相关，从而提高了营销信息被关注的程度，最终实现增强网络营销效果的目的。

总之，SEM追求的是一种小投入、大收益的远景目标。它期望以最小的投入来获得足够多的访问量，并进而带来经济收益。要达到这样的美好愿望，商家需要所设立的相关关键词被搜索引擎系统收录，而且在搜索结果中排名要靠前，这样才可能会有好的搜索效果。这就要求进行搜索引擎优化，也就是要做SEO。

SEO是Search Engine Optimization的缩写，意思是"搜索引擎优化"，是利用"搜索引擎规则"提高目标网站在有关搜索引擎内的自然排名。

做好SEO可以吸引更多的用户访问网站，提高网站的访问量，提升网站的宣传和销售能力，从而有助于网站形成品牌效应。

SEO是一个很复杂的理论体系，要想做好SEO，需要对搜索引擎的技术有个全面的了解。

从概念上就可以看出，SEM和SEO也是包含和被包含的关系，SEO包含在SEM当中，是SEM的一部分，是网络推广的重要手段之一，如今发展越来越完善，已经成为一门非常系统的学科。国内外有很多SEO爱好者，他们通过各种方式不断学习，逐渐成为此领域的高手。如果你也想成为此领域高手，势必也要好好学习SEO技术。要注意一点，虽然SEO很好用，但也只是网络推广方法中的一种，并不是万能的，比它有效的推广方法也有很多，千万不要以为掌握了SEO就掌握了网络营销的全部。要想掌握好网络营销的方法，其他方面的知识同样不可或缺。

还有一个网络营销术语要介绍一下，它叫网站权重，与SEO有很紧密的关系，网站权重是指搜索引擎对一个网站的重视程度，搜索引擎越重视某个网站，这个网站就越能从搜索引擎中获取越多的流量，所以商家都千方百计提高自己网站的权重。

五、点击率、转化率及客单价

点击率

点击率是表示网页某一内容受关注的一个百分比数值，常用来衡量广告受欢迎的程度，比值等于网站页面上某一内容被点击的次数与被显示次数之比，也可以表述为：页面上某一个内容被点击的次数在网站被浏览次数中所占比例。举例来说，如果某一网页被打开了1000次，页面上某一广告被点击了20次，那么该广告的点击率就为2%。

这里再进一步解释一个概念，叫搜索点击率。搜索点击率是指从搜索结果页面到商品详情页的点击数/搜索结果页的浏览量，简单说就是搜索结果中用户点击商品的比率。

点击率高低说明了什么呢？不难理解，点击率高，表明了受关注程度高，访问量高；反之，点击率低，则说明受关注程度低，访问量低。

点击率高代表了用户喜欢，而用户喜欢则为搜索引擎所迎合，因此点击率高的网站会优先被搜索引擎收录；反过来，被搜索引擎优先收录的会排名靠前，而排名靠前又会提高用户的点击率，所以两者是相互促进、相得益彰的。

注意不要把点击量和点击率相混淆，点击量是衡量网站流量的一个指标，是指某一段时间内某个或者某些内容被点击的次数，简单来说，就是用户点击网页的次数。

转化率

这里所说的转化率指的是购买转化率，是消费者成功购买的总值除以商家通过各种销售推广的总和所得出的数值。以淘宝转化率为例，就是指所有到达淘宝店铺并产生购买行为的人数和所有到达你的店铺的人数的比例。

转化率=（产生购买行为的客户人数／所有到达店铺的访客人数）× 100%。

实际上，在网络营销中，存在多个转化率，商家在引流后，用户点击率就是到店的转化，点击之后，有些人购买，有些人不买，这就又产生了一个转化。对商家而言，转化率高是一致的追求，因为转化率高才会带来利润的实现，没有转化，一切都是空谈。

影响店铺转化率的因素有很多，如品牌知名度、商品品质、数量、价格、店铺页面装修、店铺推广活动，还有客服等，只有将这些相关因素处理好了，才会切实有效提高店铺转化率。

客单价

客单价也是影响商家利润的一个重要因素，是指每一个消费者平均购买商品的金额，即平均交易金额。它是由销售总额和顾客数决定的，计算公式是：客单价=销售总额÷顾客总数。

从概念中可知，要想使销售额增加，除了想尽办法招揽更多的顾客进店，增加交易次数以外，还可以通过提高客单价的途径达到目的。

商品价格、商家的促销活动都可以影响客单价，就商品价格而言，如果能够提升商品品质以及服务质量，就可使商品价格提高，商品价格提高了，交易总数不变的情况下，销售额增加了，客单价就提高了。

另外，商家的满减、满送、免邮费等的促销活动，一定程度上提高了买家的"凑单"意识，促进交易量，从而客观上提高了客单价。不仅如此，商家还可以根据商品特征、买家的消费习惯进行固定搭配或者自由搭配来关联营销活动，提高客单价。

六、推广的费效比

网络营销，除了那些自带流量的商品外，绝大多数商品都需要推广，也就是都需要做广告。做广告自然就涉及费用问题，费效比就是关于广告费用一个很重要的概念。

简单说，费效比就是广告投入费用和产出效益的比值，简单说就是投资回报率，英文缩写为ROI。它是衡量一组广告投放效应最直接、最简单的方式。投入少，产出多，费效比低；投入多，产出少，费效比高。可见对卖家来说，费效比越低越划算。

有一些网络卖家盲目乐观，或者计算失误，投入了很多广告费用，虽然客观上吸引了更多消费者进入店铺，增加了流量，一定程度上也提高了销售额，但利润却被高昂的广告费"吃"掉了。也就是说费效比过高，导致没有利润，甚至产生了亏损。所以，在进行广告投放时，卖家一定要认真考虑费效比的问题。

计算费效比首先要熟悉广告的收费方式。就国内来说，广告收费方式有三种。

1.点击付费

这种方式是国内多数搜索引擎和广告同盟所采取的方式。如果只是浏览，不点击，则不收费。单次点击的费用不是广告商设定的，而是通过竞价确定的。通常，热点关键词的点击收费很高，比如服装、电器、食品等关键词。

点击收费有两个很大的弊端，一个是恶意点击，当一个人对广告本身没有兴趣，而只是为了获得点击产生的收入，采取手动或模仿计算机程序的方式点击广告时，恶意点击便发生了。另外还有一些不良商家为了提高竞争对手的广告成本，也会恶意点击对手的广告。

另外一个弊端是虚假流量。虚假流量就是人为控制产生的流量，是人为制造的"虚假繁荣"以欺骗消费者，到现在为止，还没有十分有效的办法避免或阻止这两种行为的产生。

2.按成交金额付费

这种形式为卖家所欢迎，因为只有成交了才付费，不成交不付费。以最具代表性的淘宝客为例，卖家在淘宝联盟后台设置好成交费用比例，如果有客户通过淘宝联盟的广告购买了商品并付费成功，那么卖家就要按照约定付费给淘宝客。

3.展示付费

这种广告付费方式就是卖家将广告投放到一些固定的媒体上，然后付费给广告商。虽然这种方式能引入较多流量，但是费用较高，所以只适宜一些较大规模的卖家采用。

了解了广告的收费方式，就可以计算费效比了。对于点击付费，由于点击价格很高，所以卖家在投放之前，一定要衡量好自己的经济承受能力，不要出现因资金链断裂而被迫中途退场的事情，那样会对卖家造成巨大打击，导致先期投入的钱白白浪费掉。

首先，网络卖家要熟悉自己所在行业的流量转化率，只有清楚了这个转化率才能算好费效比。假如一个商品的单品利润为30元，以流量转化率5%来计算，每销售出一件商品，平均需要20次的点击，那么处于盈亏平衡点的单次点击价格就是30÷20=1.5元。这也就意味了单次点击价格要控制在1.5元以下，这个广告才是合算的，如果单次点击价格在1.5元以上，则可能就亏了。

当然，不能凭一个很短的时间段来看费效比，要从一个较长的时期来看推广的费效比，因为广告有延时效应，不会广告一做，销售额立刻就有了大的变化，通常都要经过一段时间，才会显现出效果。

第二章
需要掌握的网络营销运营知识

网络营销与传统营销在很多地方有着极为明显的不同,其运营模式、销售渠道、广告投放方式、产品定价策略以及和客户的沟通方式等方面均有颠覆性的变化。要想网络营销取得成功,势必要熟知这些变化及衍生出来的新知识。

一、网络营销计划与基本步骤

网络营销计划是基于市场和公司情况对网络营销活动所做的一个较为全面而有序的安排,目的是使网络营销活动能明确目标和责任,有条不紊地展开。

网络营销计划是网络营销获取利润的重要前提,是网络营销的行动指南。一个网店要想长期、稳定运转下去,并获取理想利润,一份优质的营销计划是必不可少的。通常,网店在正式建站之前,就应该有一份优质的网络营销计划,以便给予实际操作指导。

营销计划应明确工作重心、掌握工作重点,将精力和有限资源优先用于解决最关键、最迫切的问题上。这是营销计划的制订原则。

一般来说,网络营销计划包含下面几个要素:

1.营销目标

树立一个可望又可即的营销目标对商家来说是十分有必要的,它能让营销活动朝着一个既定方向前进,有利于目标的达成,同时又能对网络营销活动做出及时的调整和评价。

营销目标通常包括在一定时期内店铺要达到的行业排名、销售目标、利润指标、注册用户数量等。可分为年目标、季度目标、月目标、周目标以及日目标。

有了既定的目标，店铺才有运营的价值，团队也才有了动力和方向，因此制定一个科学合理的营销目标是势在必行的。

2.营销方案

营销方案有利于商家推进、实施营销计划，掌握活动节奏，是营销目标得以实现的重要保证。通常营销方案包括对目标市场的描述与分析、营销策略的制定和推广、营销的成本预估与核算、人力资源的调配与安排等。

制订营销方案时，要保证其与企业的战略目标相一致，与企业的经营方针相吻合，而且还要尽量避免与现有的营销策略产生冲突。

3.人力与预算

包括人员配备、成本投入、收益核算、财务预算等计算与安排。要保证人力配置合理，效益最优化。各项预算保证富裕，避免出现计划因资金链断裂而被迫中止的情况。收益核算要兼顾现实需求和对未来的投入。

4.管理规范

包括对店铺的日常管理、运营管理、应急措施管理以及信息管理等。网络营销涉及营销部门和信息技术部门，所以应明确规定各部门的职责，以免出现责权不明、互相扯皮的现象。

上述几项只是从大的方面对网络营销计划的说明和概述，实际上，网络营销计划还包括许多细节问题，这些细节问题同样对营销计划的实施起着重要作用，企业所属行业不同，市场环境不同，营销目标也不同，需要关注的细节自然也有所不同，这需要针对各自的具体情况做不同的安排和处理。

一份好的网络营销计划是营销成功的重要保证，很难想象，一个没有营销计划的企业能把营销工作做好，所以要慎重对待每一个环节，力争在每个环节都出亮点，不出大的纰漏。在实施时，结合具体情况做相应处理，为营销目标的实现把好关，做好指导工作。

有了计划付诸实施才能体现价值。实施首先要了解基本步骤，网络营销计划的实施步骤大致分为下面几项：

1. 获取消费信息

网络营销是一种销售手段，是销售就都需要了解市场，了解消费信息，做好产品和服务的定位。不了解市场，不知道消费信息，就无法做好产品服务定位，也就必然导致生产的盲目性。所以，了解市场，获取消费信息是网络营销的第一步。

2. 做好宣传推广

生产出市场上消费者需要的产品后，还要做好宣传工作，让消费者知道、了解产品的相关信息。对网络营销而言，就是利用各种网络工具，采取多种推销手段将产品展现在客户面前，让客户获知产品信息。如通过直通车、博客、论坛推广产品信息等。

3. 与消费者沟通

当有人通过你的展示对你的产品或服务感兴趣时，你需要与他进行有效沟通，以促成交易。网络上的沟通与传统的沟通模式有所不同,网络沟通需要借助聊天工具来实现,常用的工具有电子邮件、QQ、微信、旺旺、网络电话等,要熟悉这些网络工具的使用方法。

4.网上交易

与线下交易不同,线下交易,签订合同、下单、付款、获得商品和服务等一系列流程都是在线下进行的,而网上交易则把这一系列流程都搬到了网络上,下单、支付、发货、售后等环节均一站式完成,模式和规则有了很大的改变,要了解其流程,掌握其技能。

5.售后再促销

售后是销售重要的一环,这一点网上销售和线下销售是一样的,就影响大小而言,售后的好坏对网络销售影响更大,甚至关系到商家的生死存亡,这是由网络的特性导致的。用户的评价常常左右着其他客户的决定。差的评价自然影响产品的二次销售和店铺形象,但同时好的评价也会促进销售和提升店家形象。

网络营销大致可分为上述几个环节,当然这只是笼统地划分,实际上,要细分的话,还有很多小的环节,这些环节及要注意的事项在本书后面的章节中都有所涉及。

二、网络营销盈利模式

网络营销的盈利模式,简单来讲,就是以互联网为媒介将产品和服务"销售"出去,并在这个过程中获取利润。实际上网络营销模式是传统销售模式的延伸，不过两者还是有着很大区别的，可简单归结为"四不同"：

1.运行基础不同

传统营销以工业经济为基础，而网络营销不但以工业经济为基础，还需要借助网络经济、网络技术和现代通信技术，消除了传统营销中时间和空间的限制。

2.目标群体不同

相对而言，传统营销的目标群体是某一特定消费群体，而网络营销则进一步细化，可以针对更微小的群体，甚至每一个消费者进行个性化需求满足。另外，由于传播技术的限制，很多传统营销面向的消费群体只能局限于某一特定区域，而网络营销则可以面向更广大的消费群体。

3.营销策略不同

网络营销中，商家通过网络展示产品，客户通过网络了解产品，这也就决定了商家必然采取与传统营销不同的策略，方可有效实现产品的销售。如在产品展示方面，网络商家要利用多媒体技术将产品的外形、性能、特点、品质及所提供的服务展示在客户面前，而传统销售则没有这些特点。

4.沟通方式不同

传统营销的沟通方式主要是面对面沟通和电话沟通，而网络营销中，营销人员与客户的沟通方式变得多样化、先进化，时效性强、效果好，消费者的体验感更佳。

销售模式的改变决定了盈利方式的改变，通常情况下，网络营销有下列几种盈利方式：

1.借助平台销售产品赚取收益

就是借助一些网络营销平台销售产品获利。常见的网络营销平台有淘宝、天猫、京东、苏宁、敦煌网、eBay等。平台上的商家通过在上述这些平台销售产品提供服务，获取利润。

2.独立建站销售产品赚取收益

这种模式也很好理解，就是不借助第三方平台，而是建立自己独立的直销网站销售产品赚取收益，可以将其理解为普通销售模式在网络上的延伸。这种模式虽然诞生得相对较晚，但发展迅速，现在成熟了许多，如今的独立网站系统已经绑定了第三方支付工具或网银，且具备了网上交易和网上发货的功能。

3.收取入驻费用和佣金

依靠收取入驻费用获利的多为中介类网站，如58同城、赶集网，以及各类房地产网站。当然淘宝、天猫、京东、苏宁平台也属于此类性质的网站，只不过这些平台规模大，不仅仅依靠收取商家入驻费用而获利。

4.圈子模式销售产品获利

这一盈利模式是随着移动互联网的兴起而产生的，而且渐渐流行开来。所说的圈子模式，就是指在一个相对固定的人群中进行营销，如QQ群、微信、微博、社区、某个论坛等。商家在圈里发布产品信息，与有意向的客户沟通交流，然后付款成交。

三、网络广告的策划与投放

网络营销离不开网络广告的策划与投放。在如今浩如烟海的网上商品"海洋"中，离开了广告的宣传和推广，尽管你的商品足够好，你的服务体系足够完善，也注定会无人问津的，会被万千同类商品完全湮没，正所谓"酒香也怕巷子深"。所以，对商家而言，广告的策划和投放非常重要，一定程度上决定了企业的兴衰成败。

网络广告是以广告横幅、图标广告、文本链接、多媒体等方式，在互联网刊登、发布，或开设专门论坛宣传，以达到广而告之的目的。

横幅广告是以GIF、JPG、Flash等格式建立的图像文件，是最为常见的一种网络广告形式，一般位于网页的最上方或底部，用户关注程度比较高。

横幅广告有四种形式：第一种是全幅，尺寸是468像素×60像素；第二种是半幅，尺寸是234像素×60像素；第三种是直幅，尺寸是120像素×240像素；第四种是全幅加直式导航条，尺寸是392像素×72像素。其中全幅广告也称为旗帜广告，最为常见。直幅广告也称为竖幅广告，面积较大，但较狭窄，通常位于网页的两侧，可以展示较多的内容，也是比较常见的广告形式。

文本链接广告是一排文字，点击文字链接即可进入相应的广告页面。这是一种较受用户欢迎的网络广告形式，简单而快捷。

图标广告是点击显示商家或商家产品品牌的标志，即可进入相应广告页面的一种广告形式，也称为按钮广告，一般位于页面两侧。通常根据页面设置成不同的规格，动态展示客户信息。

电子邮件广告利用网站电子邮件列表，将广告发布到用户邮箱中。通常会有一段文字描述，文字下面由网址链接到该广告网页或产品网站。电子邮件广告的优点是针对性比较强，适于精准营销，且费用低廉。

文字广告通常是将网店的名字设置成链接形式，点击即可链接到网店主页。一般出现在网站媒体的分类栏目中。

除了这些形式外，网络广告还有视频广告、定向广告、连播广告、翻页广告等。

与传统广告相比，网络广告具有得天独厚的优势，覆盖面广，观众基数大，传播范围广，方式灵活，互动性强，是网络营销必不可少的重要一环，在网络营销方法体系中具有举足轻重的地位。

实际上，网络广告绝不仅仅是前面所提到的几种方式，网络营销的各种推广方法都可理解为网络广告的具体表现形式，如关键词搜索、直通车推广都可以视为网络广告。

通常，网络广告的策划和投放需要兼顾下列这些方面：

1.明确广告的目的

网络广告的目的多种多样，有的是为新品上市造势，有的是引导消费，有的是品牌推广，有的是为宣传网站，还有的只是搞在线调研。通常情况下，网络广告的目的一般有以下几种：

（1）提高品牌价值

由于大多数搜索推广和网盟推广多采取点击付费的方式（只浏览不点击不产生费用），这样势必会增加所推广产品的浏览量，而浏览量多了，对品牌价值的提高就十分有利，因为品牌就是靠不断积累客户的浏览量形成和提升的。

（2）促进精准销售

与很多传统广告漫天撒网有所不同，网络广告定位比较精准，且反应迅速。如果有客户在网上搜索某关键词，那他多半对与搜索关键词相对应的产品有需求。这样通过推广，产品的访问量增加了，客户比较精准，交易量自然也就会提高。

（3）提高网站排名

通过广告推广，客户访问量上去了，产品点击率增加了，在搜索引擎中的排名也会随之上升，网站排名自然也随之上升，同时，这样的变化反过来会提高广告的推广效果和促进产品销售。

（4）为决策提供依据

网络广告还有一个重要作用，那就是为商家决策提供重要依据。广告投放以后，各种引流数据及其他多项参数随之产生。商家通过对这些数据进行采集、整理和分析，就会清楚产品流量是从哪些渠道来的，访问者在页面逗留多长时间，转化率为多少，从中找出规律，进而做出合理的安排，指导后续工作的进行。

目的不同，策划重心就不同。如果为了新产品上市造势，广告重心就应该放在扩大宣传面上，努力让更多的人知道、了解该产品。如果为了引导消费，提高交易量，重心就应该放在如何制定、投放行之有效的促销策略上，以便更有力地激发起消费者的购买欲望。

2.确定目标群体

广告要确定目标群体，也就是要明确此次广告针对的用户群体，简单来说就是确定此次广告希望展示给哪些人看，确定他们属于哪个群体、哪个阶层、哪个区域。只有确认了合适的目标群体，才可能使广告有效地实现其目标。其设定要建立在以往平台对用户信息的积累上。通常情况下，平台应针对用户的认知和行为过程，建立用户数据库。有了丰富的用户信息数据做基础，就可以较为准确地进行广告投放。

3.确定广告预算

广告预算是广告策划和投放必不可少的重要一环，是企业为做广告而预先拟订的开支计划。在策划之初就要对广告预算做出较为准确的预估，计算好投入产出比，避免在投放过程中出现资金链断裂被迫中止，或者因投入过大导致亏损的现象。

影响广告预算的因素有很多，如销售目标、竞争产品、营销渠道、产品的生命周期等，预算时要仔细衡量这些因素的影响，并采用合适的计算方法，保证分配合理，避免浪费。

4.广告媒体资源选择

广告媒体资源对广告的效果有着非常重要的影响，因此一定要选择好投放平台。对网络广告宣传而言，原则上要尽可能选择流量大、覆盖面广的平台，此外还要充分利用好各种媒体资源，以加强广告的整体宣传效应，努力获得最好性价比。

5.效果监测和评价

无论是传统广告，还是网络广告，其终极目的之一是通过少量投入获得可能的最大效益。在这个过程中要进行和加强效果监测和效果评估。可登录广告平台服务器查看相关数据，也可以通过网络调查公司对用户进行随机抽样，来监督和评估广告的投放效果。

需要注意的是，在各种数据中，虽然流量的数据对评估网络广告效应有着很重要的意义，但是更要关注广告的曝光次数以及广告的点击率，很多时候，后两者更能直接反映广告的投放效果和现实意义。

四、网络商品发布的注意事项

对网络营销这种新生的蓬勃发展的销售模式，国家相关部门给予了高度重视，在履行好保驾护航职责的同时，也制定了相应的法律法规对其约束和监督，使其能朝健康有序的方向发展。另外，各行业本身也有相关要求，网络商家要及时了解这些要求，在发布商品信息时一定要在允许的框架内进行，下面以在天猫平台发布商品信息为例说一下要注意的事项。

1.类目要求

商品要放在与产品实物性质相一致的类目里销售。实际上，这既是一种要求，同时也是对商品能正常销售的一种保护。

2.品牌要求

发布产品时要选择和销售产品外包装一致的品牌。如发布产品和销售的产品品牌不一致，会引发大量投诉，给售后带来极大的麻烦，严重情况下，甚至会受到关店的处理。

3.规格要求

规格要求包括产品容量、净含量要求，尺码、尺寸要求以及高度、长度要求。具体要求：容量、净含量单位必须和外包装保持一致，不准许自行换算单位。对外包装展示的信息要如实填写，不漏写、不错写、不重复写，也不能打乱顺序写。

4.颜色要求

颜色要求具体有：若外包装有明确展示颜色名称，则一定要完全遵照填写。若外包装没有明确展示颜色名称，就以产品主体颜色为准，产品主体是什么颜色就填写什么颜色。注意不要填写"颜色随机""图片色"等含糊词语，要不然产品会遭到删除的处理。

5.条形码要求

条形码一定要以外包装上的为准，外包装写的什么就填写什么，若产品本身没有条形码，可以直接填写13个0，然后去国家物品编码中心申请产品条码。若上传报错，可能填写不规范，要仔细核对，保证与外包装填写一致。

6.货号、价格要求

货号是指能定位到唯——款产品的编号。要按照吊牌、耐久性标签上的货号如实填写。货品上市时间也是要和外包装展示的一致,不能漏写和错写。填写的价格要能提供合法依据,不得虚构原价。

7.标题要求

标题要遵守国家广告法的相关规定,不能使用诸如第一、唯一、顶级、世界级、免检、最新、最先进、销量冠军、绝无仅有、史无前例等极限词语和夸张词语。平时要多多关注相关规定,遵照相关要求对商品进行如实描述。

8.图片要求

产品正面图和产品主图,除实物外,必须要纯白底,不要有水印、边框以及装饰或描述信息。产品正面图不允许出现多个主体。如果是单品,不允许展示包装盒。也不得出现有关店铺的信息。另外,还要注意产品正面图展示的颜色要以填写的颜色为准。

产品资质图和产品属性参数图不用白底,但是要展示填写的全部信息,且与发布的产品信息保持一致。另外,图片信息不要出现遮掩、涂改或者PS现象,若出现的话,产品将会遭到删除的处理。

9.包装清单要求

包装清单中一定要填写主体,除主体外其他填写的项目以有效信息来源展示为准，要如实填写，不要多填，也不要漏写。有效信息来源包括实物包装、实物外观、说明书、产品官网等。

五、网络客户寻找商家的路径

作为网络营销商，首先要清楚客户是通过哪些方式寻找到自己的，只有弄清楚这点，才能为后续精准引流提供相关数据支持。试想一下，如果连客户是通过什么渠道找到自己的都不清楚，又如何能制定出合适的营销策略。

通常网络客户是通过下列几种途径寻找商家或者产品的。

1.通过搜索引擎查找

这种方式是目前最常见的搜寻产品的方式，相关统计显示，有一半以上的客户是通过搜索引擎寻找商家和产品的。

有一种搜索引擎叫购物搜索引擎，可以将其理解为搜索引擎的一种细分，它就是一种专门用来引导购物的搜索引擎。实际上，每个成熟的电子商务综合平台都有自己的购物搜索引擎，如淘宝、天猫、京东、苏宁易购等，都有自己的购物搜索引擎，可以直接在其平台搜索想要购买的商品。

2.通过平台分类目录查找

分类目录就是将网站信息系统地分类整理，提供一个按类别编排的网站目录。在其上可以输入关键词进行索引。购物索引，先是登录平台首页，然后根据自己要买的商品，选择对应的分类目录找寻。

3.通过广告信息查找

有相当一部分消费者是通过网络广告来获取商品信息的，这也成为他们找寻商家和产品的主要方式之一。诸如通过搜索引擎的搜索广告、联盟广告商广告等。

随着网络无线技术的飞速发展，移动平台成为广告的重要终端之一，也成为人们获取信息的主流渠道，目前越来越多的用户习惯通过移动平台寻找商家，选购产品和服务。

4.通过交易平台查找

一些有经验的消费者在购买商品时，常常会去交易平台咨询商家和产品的情况。这种方式的好处之一是效率比较高，信息比较精准。这种情况多见于那些知名的交易平台。

这几种消费者寻找商家的方式，也可以说是商家的引流方式，对商家而言，这几种引流方式都是很有借鉴意义的，可根据自己店铺的实际情况，优化搜索，拓展渠道。

六、在线沟通工具的使用

网络营销离不开与消费者的沟通，网络上的沟通是依靠各种各样的网络工具来实现的。常见的网络沟通工具有下面几种：

1.电子邮件

电子商务属于一种比较早的网络沟通工具，它有几个显著的特征：一是费用低廉，几乎零成本（只需负担网费）将邮件发给对方。二是快捷，几秒钟之内就可将邮件发到世界任何一个电子邮箱内，与世界上任何一个角落的网络用户取得联系。

另外，电子邮件还能保证彼此联系的真实性和存在性，可以作为双方来往和交易的凭证。因此，虽然新的网络沟通工具层出不穷，但电子邮件一直没有被淘汰，反而历久弥新。几乎每个网民都有自己的电子邮箱。

2.即时沟通工具

也叫即时通信工具（IM），常见的即时通信工具有QQ、旺旺、微信等。实际上，即时沟通工具远不止这几个，很多网络交易平台，都开发出了自己的即时沟通工具。由于旺旺的多功能性，所以，对于网络营销人员来说，旺旺是必不可少的网络即时沟通工具。调查显示，在阿里巴巴、淘宝上做生意，旺旺在线活跃度是影响店铺排名的一项重要指标。

旺旺具有子账号功能和各种插件。商家工作人员通过旺旺与客户联系，双方的聊天记录都可被记录下来，且不可删除，有利于商家对客服人员的管理。此外，旺旺还绑定了第三方支付工具——支付宝，下单、退款都非常方便。

QQ属于早期聊天工具，它的优势在于使用人数多，而且几乎涵盖了IM可以实现的功能，能够发短信、图片、视频，还能远程协作，功能强大，也是非常受欢迎的沟通工具。

微信作为一种即时通信工具，支持单人、多人参与交流沟通，通过网络免费发送语音、图片、视频和文字，非常方便，使用人数也非常多。

即时沟通工具最大的一个好处是它的及时性，能够和客户随时随地取得联系，极大地提高了客户的黏性。即时沟通工具各有各的特点，可以根据实际需要选取使用。

3.网络电话

实际上，多数的即时沟通工具都具有在线视频和通话的功能，属于网络电话的一种。除了这些即时通信功能外，网络电话还有另外一种功能，就是通过网络给对方打电话。网络电话最为吸引人的一个地方是资费便宜，因此很多人利用网络电话打国际长途。

4.网络传真

网络传真又称为电子传真。它整合了电话网、智能网和互联网的技术。网络传真的优势在于可以降低纸张和耗材的使用，适合办公采用，占据了一定的市场份额。

5.移动沟通工具

移动版的沟通工具是指将QQ、旺旺、微信等基本功能复制到手机上，它可以让商家即使不在电脑前也能随时保持在线，能随时与客户沟通，实现无缝对接。

第三章
网络营销平台的搭建与店铺装修

互联网企业要想获得快速发展,需要搭建属于自己的营销平台。营销平台是电商"安身立命"的基础,其搭建的成效如何与企业命运息息相关。

一、网络营销平台搭建

一个企业想要在网上销售产品，提供服务，一定要将下面的基础工作做好。

1.建立自己的网站

关于网站的知识在前面已经简单论述过，网站是互联网企业体现自己商业存在的方式，一个企业想要在网上销售产品，多数要构建一个自己的网站。

网站由域名、空间、程序和网页组成。域名相当于每户人家的门牌号，访问网站往往需要借助这个特殊的"门牌号"。域名的格式是"xxx.com/cn/org/net"，一般注册.com或者.cn就可以了。com是company（公司）的简写，cn是China（中国）的简写。

在国内，按照相关规定，域名是要去相关管理部门注册备案的。通常域名一旦定下来，就不要轻易改变，一是改来改去比较麻烦，更重要的是，作为一个门牌标识，用得越久，搜索引擎排名就越靠前，一旦更换，搜索引擎需要重新"认识"，客户也需要一个重新接受的过程，所以，不要轻易更换域名。

可能的情况下，域名要尽量简单化，以便客户记忆。通常"×××"部分可以选用企业名称或者企业核心产品的相关拼音，以增强企业形象感和便于客户记忆。

网站的空间指的是网络上的服务器空间，可以将其视为一个有着空间的办公楼。通常一个规模不是很大的企业不会租用一个独立服务器的，而是和多个企业共用一个服务器，原因在于独立服务器价格过于昂贵，另外也没有这个必要。

按照相关规定，需要在国内进行产品推广的内贸网站，必须使用国内服务器，而对外产品推广的外贸网站，则要使用国外服务器。

租用服务器空间，第一要注意安全性。安全性对一个网站的重要意义自不必多说，一旦租用的服务器空间被挂木马程序"盯上"，不仅会造成数据损失，还有可能被搜索引擎视为"毒源"而屏蔽，从而造成巨大损失。

第二要查看语言系统是否合适。目前多数网页都是采用ASP、PHP或者.net语言编写的。在选择编辑语言后，一定要仔细查看一下空间是不是适合相关的语言系统。

第三空间大小的选择。就一个中小型网站来说，如果图片、视频不是很多，几百MB的空间就够用了。

第四选择合适的数据库。多数空间都会配备数据库，且多为SQL数据库，但是也有一部分要求不高的空间采用Access数据库，租用时要认真了解一下，以满足企业运营要求为准。

第五看运行是否稳定。通常租用的服务器都有一个试用期。试用的服务器与你要租用的服务器是一样的，通常试用期为三到七天，这期间一定要看一下服务器运行是不是很稳定，访问的速度是否可以满足自己的运营要求。如果很"卡"，则要考虑更换。

程序指的是搭建网站的程序，多使用ASP和PHP等建站语言（普遍认为PHP语言优于ASP语言），不同的程序要与相对应的空间匹配。现在搭建的网站多为动态网站，即实现交互功能的网站，在上面可以注册、评论，经营者可以发布信息、展示产品、管理订单以及与客户沟通等。

网页是承载网站应用的平台，是商家展示产品、提供服务的载体。网页实际上是一个文件，里面包含文字、图像、声音及视频信息等。许许多多的网页组成了整个站点，也就是网站。访问网站，实际上就是在访问网页。因此，一个网站如果没有网页，就没有任何价值。

商家如果要将产品的相关资料发布到网上，常常是先将产品的相关图片传上展示，接着是文字介绍，然后可以根据实际情况决定是否插入视频。

图片通常采用的是JPG格式，图片不要过大，过大显示速度就慢，就会影响客户观看，一般图片大小要保持在500KB以下。文字介绍最好要配合图片进行，要求言简意赅，准确达意，让客户一看就懂。

2.在网络交易平台建立存在

除了搭建自己的网站进行产品销售外，还可以在其他网络交易平台发布消息，售卖产品。网络交易平台可分为内销型网络平台、服务型网络平台、外贸型网络平台。

内销型网络平台指的是国内商家和客户交易的平台，又可细分为B2B、B2C、C2C三种类型。B2B是Business To Business的简写，意思是商家对商家的交易，也就是企业之间的交易。客户通过在平台上搜集、获取信息后，与商家建立联系，进而达成交易。交易通常有两种方式，一种是通过平台担保交易，另外一种是在线下直接交易。

B2C是Business-to-Customer的简写，是商家对客户的交易。通常可分为两类，一类是网络直销商店，另一类是网络百货商店。网络直销商店是早期产品售卖形式，现在则多为网络百货商店模式，如京东、天猫、苏宁易购、拼多多等。

C2C是Consumer or Consumer的简写，是个人商家对个人客户的交易，最具有代表性的例子就是淘宝。个人在淘宝上开店，借助支付宝和网银等第三方支付工具和对方完成交易。

除了这三种网络交易平台，还有其他较为特殊的网络交易平台，如各种各样的专业网站。

服务型网络平台是指那些做分类信息网站的平台和中介型网站平台，它们为商家和客户的交易"牵线搭桥"，并从中收取佣金。

通常，分类信息网站优先获取客户信息，然后根据情况为客户"牵线搭桥"，成功后收取一定佣金。

外贸型网络平台有两种形式，一种是B2B式，一种是C2C式。B2B式属于早期外贸型网站形式，入驻需要花费很大一笔费用，在国际快递发展起来后，C2C式，即个人外贸网络平台应运而生，并发展迅速。

B2B外贸型网站客户群体主要为英语客户，使用费用较高，低的也要几万元，多的可达十几万元，国内网站中，阿里巴巴全球站、环球资源网、中国制造网是这类型网站中的中流砥柱，大多数有规模的外贸公司都是通过这几个平台开展对外业务的。

C2C外贸型网站主要借助国际快递和邮政小包开展业务，目前国内这类型网站主要有易趣网和淘宝的全球购。

个人网络营销与企业网络营销的基础工作大同小异，都是先建立自己的网站，然后投入运行，或者借助第三方平台交易。对个人来说，如果要进行网上营销，可以建立自己的网店。也可以借助第三方平台。第三方平台首选借助淘宝平台，淘宝是目前国内最好的个人网店创业平台，几乎垄断了C2C市场，拥有最多的客户。

个人网店通常可分为销售型网店、服务型网店以及内容型网店。销售型网店是仿照淘宝模式打造的具有同样功能、同样销售体验的网站。建立自己的销售网店好处是成本比较低，一万多元即可让自己的销售网店运营起来，但弊端在于流量没有保证，在淘宝一家独大的情况下，个人销售网店要想获取大额流量有一定难度，需要多管齐下方可奏效。

个人服务型网店就是为用户提供服务的个人站点，服务后收取一定比例的佣金。在目前建站技术很好的情况下，建站不会成为网店的障碍，重要的是建站后的推广。推广好了，才会有大的流量，也才会有不菲的佣金收入。

个人内容型网店就是通过内容赚取流量的个人网站，最早的BBS论坛，后面的SNS都是这类型网站。盈利的方式一是提供付费服务；二是在有了一定流量之后，收取广告费。

无论是建立自己的网络营销平台，还是借助第三方平台，核心是要根据自己的情况选择合适的平台,使其真正有利于自己的营销。

选择第三方平台营销,一是市场定位要与平台相契合,如果平台与自己的市场定位不契合,那么平台就失去了意义;二是要能承担起费用。有的平台虽然符合自己的市场定位,但是入驻费用很高,选择前要了解清楚相关费用。通常首选口碑好的、规模大的、服务功能完善的平台。

二、网络店铺装修

同线下实体店铺需要装修以吸引顾客一样,线上店铺也需要装修,而且更为重要。一个好的店铺装修能够聚焦消费者的眼球,提高访问量,提升顾客的交易信心,从而提高转化率。此外,还可以起到品牌识别的作用,树立起一个好的店铺形象。

1.店铺装修的前提

要清楚店铺页面的构成以及不同页面的作用,这是装修好店铺的前提,以天猫网店装修为例,天猫网店页面主要分为店铺首页、分类页面、自定义页面、商品页面。店铺首页主要起到给消费者传达有用信息、树立店铺形象的目的。它的主要功能如下:

(1) 分类索引

就是对店铺的商品或服务按照某一标准进行分类,以方便用户了解店铺和查找感兴趣的商品,作用如同一本书的目录。若用户从一个页面进入首页,往往意味着其对店铺产生了兴趣,此时，分类索引就起着引导用户的作用。分类索引一定要清晰明了，利于查看和查找。

（2）展示形象

店铺要展现出与众不同的地方，以形成用户认知和提升品牌价值。这种展示形象的重任自然赋予店铺首页。事实证明，店铺首页设计得好，条目安排得合理，会给用户带来很好的体验感，增强消费者消费信心。

（3）推荐活动

店铺首页往往需要在明显的地方做一些推荐活动，以吸引用户眼球，刺激消费者潜在的购买需求。这些推荐活动包括新品推荐、热销推荐、经典推荐等。

除店铺首页外，分类页面、自定义页面、商品页面也都很重要。分类页面就是某一类商品或服务的页面，它让用户能更详细地了解商品情况和看到更多商品。

自定义页面是店铺首页的有益补充，是将店铺单一的页面扩展成多个独立内容的页面，可以通过文字、图片组合搭配插入链接，让用户看到更多的店铺活动。

商品页面就是关于商品介绍的页面，是用户首先进入的页面。用户浏览商品页面后才会进入店铺首页或者其他页面。用户进入商品页面，有可能直接购买商品，也有可能由此进入店铺其他页面。

2.店铺装修的步骤

店铺装修第一步：选择要装修的页面，通常包括基础页、宝贝详细页、自定义页等。

第二步：选择装修模板和配色。以天猫店铺装修为例，天猫平台为卖家提供了装修模板，有5种基础颜色可供选择：蓝、黄、黑、棕、粉。根据店铺装修需要，商家可自行选择。

第三步：选择装修页面的背景色和背景图。根据店铺性质和装修需要，选择合适的页面背景色或者背景图。

第四步：选择页面需要的模块。模块尺寸不同，模块内容往往也不同。根据要装修店铺的页面选择尺寸不同的模块。

第五步：编辑模块内容。分为多个步骤，一是店铺装修招标，装修步骤一般是编辑→类型→内容编辑→设置→保存；二是导航设置，装修步骤一般是编辑→添加→内容→确定→完成；三是图片播放，步骤一般是编辑→插入图片地址→插入链接→确定→完成。

宝贝推荐，卖家可以手动推荐设置，也可以通过系统自动推荐设置；宝贝分类，可通过两种方式实现，第一种默认系统宝贝分类，第二种是卖家手动推荐设置。

店铺装修是店铺的"形象工程"，起着树立形象、传递信息的重要作用，商家要精心设置和维护，使其成为自己的"金字招牌"，吸引用户，增大流量，提高转化率。

3.店铺装修的视觉定位

店铺装修就是给用户看的，吸引用户浏览，吸引用户进入消费，所以店铺的视觉呈现是非常重要的，如何在万千店铺中脱颖而出，如何呈现消费者最想看到的信息，如何刺激消费者购买欲望，这都是店铺视觉所要达到的目的。

好的视觉呈现可以增大店铺的吸引度，提高用户访问深度和时间，降低跳失率，增加产品溢价，还能树立店铺品牌形象，让用户的归属感更强。

从视觉方面考虑，店铺装修通常要遵循如下三个原则：

（1）容易识记原则

这是店铺装修视觉设计的一个要求。如果一个店铺能让消费者记住，一方面能够加深消费者印象，树立店铺形象；另一方面能提高吸引消费者进店消费的概率，利于店铺长久发展。

让店铺容易识记，设计就不宜过于繁杂，标识要简洁独特，背景及板块色彩协调，布局合理，导语引人入胜。

（2）协调一致原则

店铺装修整体要协调，装修风格，以及板块、海报、文案等的设计要与店铺的市场定位、经营理念还有产品的风格保持一致，以准确传递店铺的定位和品位，这样有利于品牌形象的树立，同时增强消费者购物的信心。

（3）有差异化原则

有差异才有区别，才能让人记住，千篇一律的形象是无法给人留下深刻印象的。店铺视觉差异化，可体现在店铺页面风格独特、板块设计与众不同、背景颜色独树一帜、引导链接个性化，只有创造出这些差异，才能让消费者迅速识别店铺、记住店铺。

第四章
常用的网络推广方法

网络推广是网络营销重要的组成部分,是保障网络营销效果和成功的关键。离开了网络推广,网络营销势必难以存在,更别说会有好的效果。可以说网络推广的成败决定了网络营销的成败。

一、淘宝直通车

淘宝直通车是淘宝店铺日常运营当中一项使用频率非常高的推广手段，也属于一种付费推广方式，是根据卖家为产品设置的关键词来进行的排名展示。

直通车是淘宝网商家竞争激烈的产物。在淘宝网这样一个大的平台上，云集了众多的商家，产品更是数不胜数。每个商家都希望自己以及自己的产品能获得良好的排名位置，获取更多的搜索流量，以增大销售的概率，但实际上这种想法是不太容易实现的，只有少数商家才能获得这个机会，实现这个梦想，毕竟展示的空间有限。于是许多淘宝卖家就采用竞价的方式获取排名位置，价高者排在靠前的位置。这种付费竞争排名的方式就是所谓的直通车。

直通车是淘宝网获得收入的一项重要来源，也是淘宝卖家推广自己产品的重要手段。通常卖家将开直通车与"烧钱"并列来谈，可见，开直通车代价是很高的。直通车可以选择在淘宝站内投放，也可以选择在淘宝站外投放。

当卖家准备使用直通车推广某款产品时，先要为这款产品设置很多搜索关键词和推广展示标题，当有买家登录淘宝网输入关键词搜索宝贝时，如果输入的关键词在你事先设置的关键词中，淘宝网就会在搜索结果的页面中展示你推广的产品。

使用直通车推广有一定的优势，优势之一就是借由它获得的顾客多是有意向的顾客，更容易成交；优势之二，店铺的流量可以借这次推广得到提升，增加店铺其他产品的销量。

直通车推广，虽然能有效提高产品销量，但是弊端是花费比较大，所以使用前一定要做好准备工作，选好产品，制订好计划。

制订计划需要兼顾的事项通常包括下列几方面：

1.选好宝贝

不是什么产品都适宜做直通车推广的。没有销量或者销量很低的产品是不适宜用直通车推广的。没有销量的店铺也不适宜做直通车推广。即使客户被直通车吸引到你的产品页面前，由于你所推广的产品没有销售记录，或者销售记录很少，评价寥寥，访客也多半不会购买的。这样你的广告费用就打水漂了。

只有那些已经有了一定销量，自然排名比较靠前，顾客评价好的产品，通过直通车引流，才容易促使访客下单购买。

由于直通车花费比较大，单次点击可达几元钱，而且不是点击了就会成交，因此，要想有收益，不亏本，推广的宝贝一定要是利润空间较大的产品，要不然容易落个赔本赚吆喝的下场。

另外，如果想同时推广多个宝贝，需要挑选不同品类的产品进行推广，避免产品"打架"，造成内耗。

2.做好宝贝描述

由于网上宝贝看得见摸不着，客户只能通过图片、文字介绍来了解，所以一定要做好推广宝贝的描述。宝贝图片一定要精美，文字也要尽量吸引人。标题要简洁精准，突出产品卖点，最好能让客户一眼看明白。

宝贝描述离不开关键词的选择。一般情况下，关键词覆盖的范围不要过于宽泛，一方面这样的词汇价格不菲，另一方面过于宽泛的词汇未必能带来好的效果。虽然流量很大，但是供访客选择的空间过于大，往往很难马上下单。

关键词过于宽泛不好，但过于精准也不适宜。虽然过于精准的关键词可能把宝贝的细节特征做出较为准确的描述，但是正是描述精准，限制了访客的搜索量。除非访客已经认定了该款产品。一般访客是不会精准搜索的。关键词通常以六七个字词汇为佳。

另外，关键词要从买家的角度去选择和设置，多想想买家想要买到什么样的产品，会搜索什么样的关键词。通常关键词设置要涵盖下面两个信息：

（1）宝贝名称。宝贝名称就是产品的基本名称，比如T恤、电饭煲、塑料水杯等，淘宝首页类目中展示的都是宝贝名称。

（2）属性描述。就是对推广产品，包括功能、型号、品牌、质地、材料、应用领域以及适合人群等属性的描述，比如家用充电式多功能大功率冲击电钻。

产品描述通常多词组组合在一起，可以是名称加上属性描述词，也可以既不是名称词也不是属性词，是根据一些人固有的搜索习惯或者流行的网络语言设置的。

注意不要简单、随意堆砌词语，那样不但不会增加引流，反而会影响搜索引擎的选择，另外，即使引来了访客，访客也多半认为你的店铺是个杂货铺，进而怀疑产品质量。关键词要能体现出宝贝的属性和独特性来，才会吸引顾客，取信顾客。

还要注意，关键词不仅要囊括所谓的书面叫法，还要将那些人们已经习惯的通俗称呼收录进去，以覆盖更大的人群。

通常关键词设置的上限是200个。要尽可能多地设置关键词，以覆盖更广大的消费群体。当然，关键词要有效，要从消费者角度考虑设置，否则再多也是无用的。

在淘宝首页的搜索栏中输入推广宝贝的名称，下拉单中会出现一些相关词，这些相关词都是关于产品描述的词，可以根据情况从这些词中挑选你所推广的宝贝的直通车关键词。

淘宝直通车系统默认的关键词是依据相关度从高到低排列的，你可以根据搜索量、市场平均出价，结合自己产品的情况，直接单击添加或组合新词组成自己的搜索关键词。

在淘宝直通车关键词页面中，单击"相关词查询"，就可以进入直通车相关词查询系统。在这里，你输入想要查询的词，然后单击"相关词查询"，就可以查询到一系列相关词。

具体使用时，方法是进入淘宝直通车系统首页，单击导航栏"管理推广中的宝贝"一栏，然后选择你要推广的宝贝，再单击宝贝右侧的"编辑"一栏。进入编辑页面后，再找到"添加关键词"一栏，单击即可为宝贝添加各类关键词了。

3.做好关联营销

由于不能保证引来的客户一定喜欢所推广的产品，所以必须在产品推广中做好关联营销。即让客户在这一次的点击中，能看到店铺其他产品，充分放大推广的功效，实现深层次的多面引导。关联营销可分为互补关联营销、替代关联营销、潜在关联营销。互补关联营销重在关联的产品和主推产品有很强的相关性，如主推奶粉，可关联奶瓶、奶嘴等。替代关联营销重在关联的商品可以完全替代主推的商品。潜在关联营销重在关联的商品与主推商品可以互补，如主推野外帐篷，可以关联便携式照明设备。

4.设置好投放时间

直通车推广有一个合理投放时间的问题，合理投放时间自然是将宝贝推广与客户流最大的时间进行重叠，这样才可能获得最佳浏览效果。通常情况下，淘宝访客在这三个时间段最为集中：一个是上午8点到12点，一个是下午1点到三四点钟，还有一个是晚上8点到12点。

投放时间的设置很简单，在广告推广计划编辑页面，单击"设置投放时间"，即可设置宝贝直通车投放时间。

5.制造独特的优势

在互联网这样一个超大平台上，同质化产品特别多，如果推广的宝贝没有独特的优势，是很难勾起顾客购买之心的，所以，推广的产品一定要有独特的优势，比如具有其他同类产品没有的功能，或者具有很大的价格优势。访客在对比了同类产品后，发现推广的产品优势明显，自然会选择下单购买。

6.推广要有长期计划

事实证明，直通车要长期推广，而不宜浅尝辄止，见好就收。长期的推广能够形成持续稳定的流量,利于保持推广产品的销量不下滑。

由于直通车推广并不一定能带来真正的销量提升,再加上淘宝信用审核体系越来越严格,致使通过刷信誉来提高销量已经变得不现实,很多商家开始采用新的办法,就是将一些低价产品以低于市场价的方式出售,打造真实的交易记录。这样虽然有可能损失几元钱的快递费,但是可以创造出许多真实的交易记录,然后再将该宝贝修改成要真正推广的产品,玩移花接木的游戏,打造爆款。

二、钻石展位推广

钻石展位,简称钻展或智展,是淘宝网精准流量实时竞价的平台,也可以说是一种为商家服务的收费营销工具。它以图片展示为基础,以精准定向为核心,面向全网精准流量实时竞价展示。在钻展中,淘宝给商家整合了全平台最优质的展位位置曝光,对店铺产品推广、活动预热以及打造爆款都很有推动作用,所以成为一些商家优选的推广工具。

钻展推广收费方式分两种,一种是按展现收费(CPM)。展现遵循出价高低的原则,即系统将各时间段的出价,按照从高到低的顺序进行竞价排名,出价高者展现排名靠前,优先展现,待费用消耗完结后,展现出价次高者,以此类推,直到该时间段流量消耗完毕。

钻展推广计费单位为CPM(每千次浏览单价)。计算公式是:购买的总展现量=预算/CPM价格×1000。举例来说,如果你出价10元，那么你推广的商品展现1000次将被收费10元。如果不满千次，折算收费。

另外一种收费方式是按点击收费（CPC）。这种方式是展现不收费，点击收费。具体是将"点击出价"折算成"千次展现的价格"，然后与其他做推广的商检进行竞价比较，价格高者优先展现。费用计算公式是：CPM=CPC×CTR×1000，由此可得出CPC=CPM÷CTR÷1000。

CTR即点击通过率，是广告的实际点击次数除以广告的展现量。天猫平台有各行业的各阶段CTR作为参考。CPC是商家在后台自己设置的出价。CTR则由系统参考历史CTR预估CTR。竞价确定后，下一名CPM结算价格+0.1会作为实际扣费的CPM的价格，再根据上面的公式计算点击扣费CPC。比如，商家在后台设置"点击出价"为0.6元，系统预估CTR为5%，那么参与竞价的CPM=CPC×CTR×1000=0.6×5%×1000=30元。根据点击收费的含义可这样理解：用点击付费模式设置出价0.6元，也就是以30元的CPM参与竞价。若下一名的结算价格为21.9元，那么商家投放结算的CPM价格为21.9+0.1=22元，此为最后实际扣费的CPM价格，而CPC则等于22元除以5%再除以1000，等于0.44元。

钻石展位推广有几个重要特征：一是覆盖范围广。统计表明，钻石展位推广可覆盖全国80%的网上购物人群，有十几亿次的展现机会。二是流量大。由于钻展常展示在首页或者各大频道页，访客人数比较多，流量比较大。三是实时竞价。根据反馈的信息，可随时调整投放计划，实时生效参与竞价。四是比较精准。由于钻展可把广告只展现给打上意向标签的人群，因此能够获得较为精准的流量，取得良好的广告效果。

钻展推广的投放形式有两种，一种是通投，一种是定向投。通投，就是只要浏览了该页面，就能看到钻展广告；定向投是在系统大数据分析统计的支持下，展现给有购买意向的买家。可以通俗地理解为拿着产品找消费者。也就是说每个行为不同的访客，在同一时间打开钻展的广告位，所看到的广告是不同的。

钻石展位既适合热卖单品推广，也适合店铺及品牌推广。两者在结构上差别不大，只是在具体的创意、定向设置等地方存在不同。店铺推广多用于推广各种店铺页面，包括单品链接，是钻石展位最主要的推广计划类型。单品推广的基本出价方式为CPC出价，有精选的固定展示位置，操作简便，可控性强。

投放第一步是先充值，充值完成后就可以开始推广的具体设置了。一般步骤是：出价设置，然后是"添加创意"，之后上传。在平台审核通过后，制订投放计划，然后投放。

由于创意直接展现给访客看，对推广的效果起着非常重要的作用，所以，商家要多在产品推广创意上下功夫。创意类型既可以是图片、Flash，也可以是视频、文字链。

由于很多消费者对价格、促销之类的信息比较敏感，所以在写创意文案时可以突出这方面信息，以吸引访客。另外，还可以突出某款产品的热销情况，以加强吸引度。

图片能够起到让访客一目了然的广告效果，所以要有一个能够体现推广主题的创意图,让访客一眼就看出商家在销售什么,有什么促销活动。在宝贝摆放时,切记不要摆放多个宝贝,避免给访客留下杂乱的感觉。一般情况下,创意图放置一两个推广产品即可。

需要注意的是,不同的资源类型支持的创意类型和尺寸往往不同,可通过资源位列表或具体的展位信息查看。

三、淘宝客推广

淘宝客简称CPS,是一种按成交计费的推广模式,也指通过这种模式赚取佣金的一类人群。

正是由于按成交付费(展现和点击都是免费)的特点,这种模式受到了商家,特别是小商家的欢迎。具体来说,就是商家把需要推广的商品通过淘宝客工具设置出每卖出一件产品愿意支付的佣金比例。淘宝客从淘宝联盟获得商家设置的推广商品的链接,然后在论坛、博客、QQ等各种网站帮商家推广。消费者通过点击商品代码进入商家店铺,成功完成交易后,淘宝客便可获得商家承诺的相应比例佣金。

由于按成交付费,因此成本控制变得相对容易,避免了推广费用的浪费。另外,淘宝客的推广方式多种多样,这样流量来源渠道也多样化了。流量来源渠道多样化,一定程度上就保障了流量的稳定,不至于出现流量大起大落的情形。

淘宝客推广可简单分为两大类:一类是专业的淘宝客推广,一类是自由淘宝客推广。专业淘宝客有独立的推广平台,熟悉推广流程，精通推广技术，推广效果迅速而有效，但收费较高。自由淘宝客没有独立的推广平台，缺乏专业淘宝客的推广实力，但佣金相对便宜，比较适合大众新手。

由于很多专业淘宝客手上有大量的优质用户，所以如果推广的宝贝很不错，再加上前期准备工作做得充分，他们往往可以帮助商家迅速提高基础销量，甚至能抢占领先地位。很多热销产品都是由淘宝客推动起来的。

使用淘宝客的步骤如下：

（1）注册成为淘宝客会员，登录进入淘宝客后台。找到"营销中心"一栏中的"我要推广"，单击，进入服务页面。如果是首次登录，会被要求确认淘宝客协议。确认后，需要输入支付宝账户，还需要同意结算淘宝佣金的代扣协议。

（2）同意后，点击淘宝客推广中"马上进入"键位。

（3）点击后进入"淘宝掌柜"推广类佣金设置页面。先要选好推广产品的类目，以便淘宝客通过类目搜索能顺利找到你所要推广的产品。

（4）选择你要主推的商品。方法是找到"新建主推商品"键位并点击，即进入新增主推商品页面，然后选择主推商品，点击"下一步"。

（5）点击"设置佣金比例"按钮，佣金比例通常为1.5%~50%，可以参考行业佣金在这个区间内设置自己的佣金比例，最后点击设置完成即可。

如意投是淘宝客系统根据商家设置的佣金比例和推广商品的综合品质情况，将宝贝推送到爱淘宝搜索结果页等页面上展现的智能精准推广服务，是目前淘宝客最常用的推广方式，可以酌情使用。

设置好以后，如果想改一下推广商品，或者修改一下佣金比例，可以点击修改或者删除一栏，然后重新设置。如果想查看一下推广成交情况，可以点击"交易查询"，进入交易查询页面，设置查询时间，然后就可以实时查询推广成交情况了。如果想退出淘宝客，也很简单，可点击"退出淘宝客推广"一栏，进入退出淘宝客推广页面，之后点击"确定"按钮，即可完成退出淘宝客推广系统的操作。

利用淘宝客推广产品，要注意不要推那些卖不出去的商品，而要推那些有较好销量的，或者有潜质的商品。没有销量的商品，即使设定的佣金再高，也不会有淘宝客感兴趣。相反，如果已经有了很好的销量，再经淘宝客推广，会产生叠加效应，会好上加好。

寻找淘宝客，首选去淘宝联盟社区发帖招募，发帖的时候可以使用一些有吸引力的文字，比如产品的优势、巨大销售潜质以及可观的佣金比例，以获得淘宝客更多关注。在推广过程中，如推广效果很好，可适当给予淘宝客以额外的奖励，以激励其更加努力推广。

四、IM推广

IM为Instant Messaging的缩写，中文意思是即时通信，是企业通过网上即时工具以文字、图片等形式进行推广产品和品牌的网络营销方式。IM工具主要包括QQ、旺旺、飞信、MSN、YY等，其中以QQ最具代表性。

利用IM推广分两种情况，第一种是网络在线交流，用户如果对店铺的产品或者服务感兴趣，可以通过IM与商家联系；第二种是广告宣传，商家通过IM发布产品和服务的信息，同时加上企业要宣传的标志，以此来达到广而告之的目的。

IM推广有以下几个明显的优势：

一是传播范围广。随着网络的普及，IM建立了庞大的关系网，而且彼此之间有着相对较强的信任关系，企业任何有价值的信息，都能通过IM扩散传播，这样传播的范围就变得无限广大，远非传统媒体可比。

二是互动性强。由于即时在线的特点，让双方的沟通交流变得及时有效，这样商家就掌握了主动权，摆脱以往等待关注的被动局面，可以充分地将产品信息主动展示给潜在客户，客户也可以及时询问产品情况，客观上提高了成交的概率。

三是营销效果好。一方面，通过IM工具数据库分析用户的注册信息，如年龄、性别、职业、地区、喜好等，增加对用户的了解，并在此基础上，针对性发送对方感兴趣的产品；另一方面，用户和商家可以通过IM即时联系沟通，增加了解，提高了成交概率。

QQ推广是IM推广的代表，它具备了IM推广的优势，覆盖面广、效率高、互动性强，且易于操作。

利用QQ推广，最好的方式是加QQ群进行推广，特别是加优质的群。尽量不加成员少、不活跃的群，另外，同质化严重的群、目标人群不集中的群也尽量不加，加了推广效果也不会有多好。进群之后，先不要急着发广告，那样容易让人反感，甚至会被群主或者管理员踢出群。应该先熟悉一下群的环境，与群成员打好关系，积极参与群内成员间的话题讨论，取得信任后再择机进行产品推广。

即便取得信任之后，广告也不要发得过于频繁，过于频繁容易让人反感，要尽量做到"少而精"，重复的内容一天发一两次即可。

另外，直接发广告，容易遭人反感，点击率不高，所以要尽量避免这种硬性的植入，可以在与群成员聊天时巧妙融入，这样不会让人反感，效果也会好上许多。

还可以利用群公告和群共享、群空间、群邮件等工具进行宣传和推广。先熟悉这些群工具的特点和使用方法，然后再进行巧妙利用。实践证明，利用好这些工具，会让宣传和推广变得省劲而有效。

除了加群推广外，还可以自己建群，这样主动性就掌握在自己手里了，可以更好地进行营销推广。建群需要注意以下几点：

一是群的级别尽量要高。普通群只能容纳100名成员，且一个QQ号只能建一个群。而高级群则可以容纳200名成员，超级群更是可以容纳高达500名成员，所以要尽量建高级群和超级群。由于建高级群和超级群需要QQ会员资格，所以开通之前，要先开通QQ会员。

二是群的主题要鲜明。由于建群的目的是推广产品，所以主题一定要清晰鲜明，越鲜明，吸引到的用户越精准。比如销售食品，群的主题一定要围绕"美食""美味""健康""营养"等关键词展开，而且越精准越好。

三是保持群的活跃度。建群之后，还要努力保持群的活跃度，只有保持了一定的活跃度，成员才会喜欢群，对群才会产生一种归属感，也才会、才愿意听从群主或者管理员的号令。如果群很多，维护事项多，可以招几个管理员共同管理和维护。

作为网络推广的一种，IM随着应用人数的快速递增，其重要地位正日益被商家所看重，相信在不久的将来，会有更广泛的用武之地。

五、SNS推广

SNS是Social Networking Services的简写，中文意思是社会性网络服务，而SNS推广即指利用这种社会性网络服务宣传和推广产品的销售手段。

SNS推广建立在社交化网络结构基础之上，这种社交化网络结构是六度关系理论的一个现实映照。先解释一下六度关系理论，六度关系理论是美国社会心理学家斯坦利·米尔格兰姆率先提出来的，内容是：你和世界上任何人所间隔的关系不会超过六度，也就是说最多通过六个人你就能够认识世界上任何一个陌生人。按照这个理论，个人的社交圈不断扩大，很容易就会扩至一个大型网络。

说得通俗些，SNS就是通过朋友、交易、兴趣、爱好等一定关系发展起来的社会网络关系系统形态，而SNS推广就是利用这些社会关系网络进行产品和服务的销售。

国内此类知名的社交网站有微博、人人网、开心网等。它们拥有大量的用户群体，对年轻人有着广泛且深刻的影响。商家就是看准了里面蕴藏的巨大商机，在这些社交网站上通过广告、口碑传播等方式进行产品宣传、推广、服务推荐等活动，以促进交易，赚取利润。

SNS推广有如下特点：

1.传播速度快

SNS的用户多（以亿计），且分布广泛，再加上SNS的网际传播方式，使其传播速度很快，能在短时间内就可积攒起大量人气，获得高度关注。

SNS之所以用户多，传播效果好，是因为它的独特性，它具有推荐好友和猜测好友的功能，在注册了一个账号后，SNS就会主动帮你识别你的交际圈，包括你的亲戚圈、同学圈、同事圈、老乡圈等，它会自动给你可能认识的人发送相关的推荐信息，所以能在很短时间内获得大量的潜在客户的信息。

2.品牌推广效果好

在SNS网站，成员间可以就彼此感兴趣的话题进行热烈谈论、分享，也可以采取投票和提问的方式，引发受众的自发关注和主动传播，从而形成规模传播效应。商家如果能成功将自家产品或服务融入讨论、分享之中，就会很好地实现品牌传播目标。

同时，SNS双向传播的特点可以让商家和用户之间形成对话，可以让目标客户认识并深入了解品牌，客观上促进交易率，同时提高企业品牌知名度和用户忠诚度。

3.用户黏性高

SNS网站积累了很多资源，很大程度上可以满足成员的需要，同时，SNS社区具有较高的互动性和参与性，用户比较活跃，因此用户黏度比较高，这使企业的信息能很快地传播出去，从而实现企业宣传和营销的目的。

4.有助于精准营销

由于SNS实行入会实名准入制，用户信息多真实有效。真实的人际关系，使成员彼此相互信任，这样在一定程度上保证和提高了商家的宣传和推广的有效性，同时，也便于商家挖掘真正的目标用户群体，有针对性地展开精准营销。

在去某个社交SNS网站发帖之前，要先去了解该社交网站的风格和特性，弄清楚该网站适合什么样的话题传播，调查清楚之后再去做针对性的分享，而不要一上来就开始推销。

销售业内有一句话说得很有道理，就是：先做朋友，后做生意。SNS推广同样遵循这个道理。需要注意的是，要参与社区互助、分享，与更多的人建立朋友关系，需要等取得关注和信任之后，再去推荐、推广产品，不要为了发广告而发广告。在产品宣传的时候，要懂得适可而止，恰到好处，点到即可，过犹不及。

进行SNS营销推广，需要先在网站中建立一个自己的账号。

这个账号就相当于你的名片。由于要树立诚信的形象，所以适宜以实名制和真实资料注册，而且资料越齐全越好。账户名称最好能够代表你的推广品牌，这样你的品牌才能够伴随着你的账户传播而传播。

很多SNS都区分了板块，而且群组的板块是按照相同的兴趣爱好划分的，因此要依照产品的特性，选择合适的群组进行推广，这是非常有必要的。事实证明，培养属于自己的品牌群组是很有好处的，因为你精心维护的群组组员可能会成为你传播品牌最好的帮手。

由于SNS是一个基于互联网的关系网络，所以在一定程度上好友的数量决定了推广的传播速度和效果，通常好友越多，传播速度越快，效果越佳。但是也要注意好友的质量，那些活跃度高、好友数量多的好友是你需要重点关注和结交的。

可以通过朋友的推荐添加好友，也可以通过SNS网站搜索查找好友，通常这种添加好友的方式比较精准，不妨一试。另外，有许多第三方辅助工具有好友添加功能，也可以尝试。

SNS推广方式有多种：软文营销、口碑营销、话题营销、友情链接、活动营销等，其中以软文营销、口碑营销、友情链接为常用方式。具体采取哪种方式，要根据自己和平台的实际情况而定。

六、RSS推广

先了解一下什么是RSS，RSS是Really Simple Syndication的

简写,中文可以理解为聚合内容,是在线共享内容的一种简易方式。它有两个特点:一是可以快捷地获取信息,二是可以在不打开网站页面的情况下阅读网站内容。

这样的特点使RSS在新闻和博客中应用非常广泛,订阅用户很多,这样就为RSS推广奠定了基础。RSS推广就是利用RSS这一工具传递营销信息的网络推销手段。RSS推广与邮件营销相似度很高,它的主要功用是为用户提供有价值的信息,也就是所谓的RSS订阅。

RSS订阅有几大优势:

一是通过RSS订阅的内容,只呈现与内容相关的标题和文章,无关的广告以及垃圾信息都被完全屏蔽了。

二是通过RSS订阅的内容都自动更新了,展示的都是最新的信息,保证了内容的时效性和价值。

三是可以通过RSS订阅多个感兴趣的内容源,只要是感兴趣的都可以订阅,实现新鲜内容"一网打尽",省时又省力。

四是对于通过RSS订阅的信息,用户不需要专用的类似电子邮箱那样的"RSS 信箱"来存储,因此也就不用考虑信息内容的过多问题。对下载到RSS阅读器里的订阅内容,用户可以进行离线阅读、存档保留等多种管理操作,十分方便。

要想实现RSS订阅,要先安装一个RSS阅读器,然后将提供RSS服务的网站加入RSS阅读器的频道即可。很多RSS阅读器本身也预设了一些RSS频道,操作起来很方便。

RSS推广的方法不是很复杂,主要有下面三种方式:

一是将RSS链接提交到RSS搜索引擎以及RSS分类目录中。这类站点既可以给RSS以一定的曝光度，又可以为自己增加链接广度，所以是很愿意为RSS做推广的。通常是做一个醒目的订阅小图标，链接到RSS页面。同时，发布一个信息让访问者知道该RSS订阅提供的是哪方面的信息。

二是如果自己有网站，可以在自己的网站上添加RSS订阅功能。

三是可以在邮件中增加RSS订阅。在给用户发电子邮件时，将RSS订阅通知也一并发过去。

由于RSS推广实行的是开放式订阅，所以经营者无法知道订阅者是谁，不知道订阅者也就无法分析用户收到新资讯后的感受和行为，同时，也不容易跟踪推广的效果，进而很难实现个性化营销，客观上难以实现营销规模的扩大。

七、EDM推广

EDM是E-mail Direct Marketing的简写，中文意思是电子邮件推广，也称为E-mail营销。电子邮件是一种用电子手段提供信息交换的通信方式，是Internet最早使用的信息传递方式之一，它通过电子邮件系统，将文字、图片、视频从地球的这一端发送到地球那一端，它的特点是价格低廉（只需负担网费），速度快（几秒钟之内）。

电子邮件综合了电话通信和邮政信件的特点，极大地满足了人与人之间的通信要求。随着互联网的普及以及用户习惯的养成，电子邮件逐渐成为一种重要的营销工具。很多企业通过EDM

建立了同目标客户的沟通渠道，借助这个渠道向客户发送产品、服务、调查、推广等信息，加强彼此的联系，促进销售目标的达成。

邮件的主题对EDM营销具有至关重要的意义。在如今网络信息铺天盖地来袭的时期，很多人都曾受过垃圾邮件的困扰，对众多邮件，多数用户仅仅浏览一下主题，就确定是否打开阅读，所以为了确保目标客户打开你的邮件，而不被当作"垃圾"处理掉，邮件的主题一定要斟酌好。既要言简意赅，又要有新意。言简意赅是为了精简概括邮件内容，让收件人能迅速清晰明了你要传递的信息。有新意是为了能吸引读者的注意力，提高阅读兴趣。

此外，还可以使用一些吸引人的副标题，以提高目标客户的阅读兴趣。标题不宜使用多种字体，且每行字数也不要过多，尽量简单明了，易于浏览和阅读。

内容也宜精简，不能过于冗长，一是用户邮箱空间有限，字节数太大的邮件容易成为用户删除的首选对象；二是信息量太大，会拉低E-mail营销的有效性。如果需要传递大量的信息，可考虑在内容概述后面给出一个网页链接，点击链接可进入相关网页浏览。

邮件内容需要一定的格式才能发送，常用的邮件格式有纯文本格式、HTML格式和Rich Media格式以及它们的混合格式，其中，HTML格式和Rich Media格式视觉效果要好，但是Rich Media格式字节数较大，有时在客户端无法显示，可根据传播信息的内容不同选择合适的格式。最常用的格式为纯文本格式和HTML

格式。

  如果所发邮件比较小，采取一般的邮件发送方式即可。如果文件较大，需要借助专业的邮件列表发行平台来发送。

  邮件内容可以自行撰写、编辑，也可以转载之后再润色加工，无论哪一种，都不要忘了营销目的，应该将营销信息巧妙融入其中，并保持相对的稳定性。但在营销的不同阶段，邮件的内容要根据营销目标的改变而调整。

  发件人也是决定收件人是否打开邮件的重要因素之一，调查表明，有60%的人认为邮件的发件人是决定自己是否打开邮件的决定性因素，对不明发件人发来的邮件他们通常采取删除处理，这就要求在发邮件之前尽量要和收件人取得联系，平时要保持良好关系。

  邮件落款也是有讲究的，通常落款包括发件人的名称、电子邮箱，如果需要让收件人了解更多信息，还可以附上相关网址链接，如有必要，还可以附上发件人或其他相关人员的签名。有时候，签名还是很重要的，要大方地亮出自己的身份，增加客户的好感和信任感。

  EDM推广的前提之一是要有目标客户的E-mail地址，这也是E-mail营销是否能取得成功的重要一环。E-mail地址可以是目标客户主动提供，也可以是企业自行收集资料整理获得。以目标客户主动提供为上。

  为了让潜在客户爽快提供E-mail地址，在事先与对方的沟通中，要让对方感觉到可以从你这里获得某些有意义的价值或服务，使其自愿加入许可的行列中去。在后续的沟通联系中，要给予及时回复你信息的客户以更大的优惠，用来提高对方的信任度和忠诚度。

为达到营销目的，扩大销售成果，企业应该建立E-mail客户数据库，登记每个E-mail客户的资料，资料越详细越好，以便做到精准营销。

很多人深受"商业广告"的侵扰，对其产生了一种厌倦和恐惧感，所以，在初期给目标客户发件时，要尽量减轻商业氛围，不要第一次联系就试图向对方兜售产品或服务。

为显示出和客户的亲密关系，在初期可以称呼客户注册名，在熟悉之后，称呼可以略做变化，以客户听到舒服为准，总之，要努力营造轻松和谐的气氛。

退订是邮件营销中经常遇到的事，实际上，用户退订也会给商家带来有用信息，在充分利用的基础上，商家还是有很大机会可以再次吸引其成为自己的客户，因此在发现退订时，一定要积极与对方沟通，尽可能多地了解退订的原因，然后针对性地解决问题，消除障碍，努力挽留客户。

八、病毒式推广

不要一提到病毒，就想到是计算机病毒，病毒式营销又被称为病毒性营销、核爆式营销，它是网络营销的一种，是利用公众的积极性和人际网络，让营销信息如同病毒一样传播和扩散，短时间内即会让受众迅速增加的一种营销手段。

严格来说，病毒式营销属于一种口碑营销，因为它借助的是

公众"你传我,我传你"的传播方式来达到宣传的目的。它有几个明显的特征:

1.性价比高

在众多网络营销方法中,病毒式的推广可以说是性价比最高的方式之一,因为病毒式推广,用户间的传播是自发进行的,是目标客户受商家的信息刺激自愿参与后续的传播,中间几乎不需要商家付出任何费用。

2.传播速度快

由于病毒式推广依靠的是自发传播,带有很大的自主性,这就决定了其传播速度是非常快的,真如病毒那样复制式传播,一传十,十传百,百传千,迅速传播开来。

3.传播效果强

很多传播方式容易受外界干扰,再加上接收环境复杂,受众的接收效果往往受到很大影响,但是病毒式的推广依靠人际传播或者自己主动搜索,受众在接受过程中持有积极的心态,再加上信息来源多元化、私人化,这在一定程度上削弱了外界的影响,增强了传播效果。

病毒式的推广要想获得良好的效果,需要兼顾一些必备事项,有专家将这些必备事项归纳为6项基本要素,这6项要素分别是:

1.免费且有价值

不可否认,免费的且可以带来价值的东西对消费者来说是最有杀伤力的，是最有实效性的"病毒"，毕竟谁不希望获得免费的好东西呢？这就决定了这类营销最容易形成病毒效应，同时也是大多数病毒式营销计划提供有价值的免费产品或服务的原因，核心目的就是激发出用户的参与热情。

2.制造价值高的传播体

同"免费"的传播体不同，这里所说的价值较高的传播体是指那些非免费同时具有较高传播价值的信息内容。由于价值较高，即使需要投入些成本，用户也愿意为其传播。

3.简便的传播方式

病毒式传播属于人际传播，一传十，十传百，百传千，迅速传播开来。用户传播力度有多大，除了取决于信息对用户的诱惑有多大外，还在一定程度上取决于传播方式的简便程度，一句话，营销信息越简单，信息越容易得到传播；反之，传播的信息越复杂，信息就越不容易得到传播，这同病毒易于在传染的情况下才会传播的道理如出一辙，所以要尽可能设计一种无须努力即可向他人传播的方式。

4.畅通的扩散渠道

要想让信息如病毒迅速传播出去，就一定要保证扩散的渠道是畅通无阻的，只有这样，才能让信息迅速从小规模向大规模扩散，否则将极大地抑制扩散的快速增加。这就要求商家在营销之前就要做好渠道检查工作。

5.找准"易感人群"

同流行性感冒病毒一样,要想让"病毒"传播得快,需要像感冒病毒一样找到那些"易感人群",让他们作为传播中介将"病毒"扩散出去。实践证明,低年龄用户、低端用户,还有那些感性用户是"易感人群"的主体,要利用好他们。

6.及时更新"病毒"

病毒式推广是有周期性的,随着用户对刺激从欣喜到淡然,再到漠视,"病毒"营销的传播力就衰弱下去,所以要想吸引公众继续参与传播,保持传播的热情,就要及时更新"病毒",持续强化对公众的刺激。

九、友情链接

友情链接属于一种常用的网站推广方法,就是在自己的网站上放置对方网站的LOGO图片或文字的网站名称,点击后即可进入对方网站的一种推广方法。由于友情链接具有合作、推荐、互惠、交好的性质,所以又有互惠链接、互换链接、联盟链接等的称呼。

友情链接是网站流量来源的一个重要渠道,它通过合作网站的推荐,增加网站的潜在客户,让网站的权重提升,进而得到搜索引擎的"关照",流量得以增加。越是大型的网站,友情链接越多。

友情链接更重要的作用是提升PR。何为PR？PR是Page Rank

的简写，是谷歌公司（Google）发明的一种网页评级技术。网页的等级设为1到10级，数值越高，说明网页越重要，越受欢迎，也越容易被搜索引擎搜索到，PR值就代表网页的级数。通常PR值能达到5，就算一个很好的网站了。

要想提升网页的PR值，最为有效的办法就是与PR值高的优质网站交换友情链接。这就是很多网站想尽办法和腾讯、网易、新浪等知名大网站交换友情链接的原因。但要注意的是，在找友情链接时，要尽量找同类网站，即主题、内容相关性较高的网站，这样有利于搜索引擎的收录和排名。

可见，要想获得好的排名，有效提升PR值，被搜索引擎看重，增加自身流量，主要途径就是与优质网站进行链接互换，也就是要有优质的链接。那么如何判断一个网站是不是优质网站呢？通常通过以下几个要素来判断：

1.在Alexa中的排名靠前

Alexa是目前世界公认的最具权威的网站排名系统。它根据网站流量数据对网站进行排名，流量大的网站排名靠前。虽然不能完全认定在Alexa中排名靠前的网站一定是优质网站，但其排名还是具有很大的参考性。

2.PR值高

PR值是衡量网站优质的一个重要指标。PR值越高，说明网站受欢迎程度越高，反之，受欢迎程度越低。

3.知名度高

在一定程度上,知名度能说明一个网站是不是优质网站,通常,知名度越高,受到关注程度越高,影响力也越大。

4.搜索引擎展现多

通常一个网站被搜索引擎收录的内容越多,得到展现的机会就越大,展现的次数就越多,而展现得越多,也往往是被搜索引擎认可为优秀的。

5.网页快照新

搜索引擎在收录网页时,将网页存储在自己的服务器缓存里,当有人在搜索引擎中点击"网页快照"链接时,搜索引擎就将原先存储的网页内容展现出来,这就是网页快照。如果网页快照比较新的话,说明受搜索引擎关注程度比较高,也说明其优质的一面。

每个不知名的网站都想获得那些知名大网站的友情链接,但却有一定的难度,那些知名大网站轻易不与不熟悉的网站互换友情链接,所以还要广开渠道,想办法增加与优质网站互换链接的机会。通常可通过这些渠道获得链接:

一是通过群获取。网络上有很多专门以交换友情链接为目的的群,根据自身情况,通过加群寻找友情链接。

二是通过资源交换获得友情链接。本着互惠互利的原则与对方友情链接。这种方式通常适用于和那些权重、PR值、排名、知名度比自己高的网站寻求合作时采取。

三是购买链接。这是在上述两种方式都没有起到多大效果时的无奈之举。实行起来很简单，因为网上有专门出售自身友情链接的网站，根据自身情况和需要购买就是了。

十、论坛推广

先了解一下论坛，论坛也叫BBS，英文全称是Bulletin Board System，中文意思是"电子公告板"，用户可以在上面发布公报、交流信息、讨论话题。而论坛推广就是以论坛作为交流平台，通过文字、图片、视频等方式发布企业产品和服务的信息，最终实现宣传产品、树立品牌、推进销售的目的的活动，由于主要方式为发帖，所以也被称为发帖推广。

可以这样理解论坛推广，论坛推广是以论坛为媒介，通过与人讨论和交流，建立自己的知名度和权威性，然后在此基础上宣传、推广自己的产品或服务。事实证明，若利用得当，论坛推广可以成为一个非常有效果的营销手段。

论坛推广操作不是很复杂，但是要想取得良好的效果则需要花一番心思。首先你要对自家产品很熟悉，知道自家产品的优劣之处，知道服务于哪一类人群，还要知道推广的目的，是为了增加流量，还是为了扩大品牌知名度，推动销量，只有将这些了解清楚后，推广时才能有针对性，也才能扬长避短将产品的优势完美展现给目标客户。

其次还要对用户有所了解，知道目标客户都是哪些人，聚集在哪些论坛，喜欢什么样的话题，有哪些需求，只有把用户情况了解清楚了，才能做到有效推广。最好还要了解清楚竞争对手的情况，了解他们有没有做过类似的推广，做过的话，效果如何，又是如何操作的，了解清楚这些情况，可让自己的推广更有的放矢，真正实现知己知彼，百战不殆。

在将上述情况了解清楚后，就可以开始寻找目标论坛推广了。对于目标论坛的选择，需要注意几点，一是目标论坛的质量要胜过论坛的数量，毕竟追求的是效果而不是规模，若论坛的人气不够，成员不活跃，即便你的帖子写得再精彩，再推广也多半是做无用功。可通过网上查看论坛的人气。二是论坛的氛围要好，好的氛围有利于推广的展开。三是论坛潜在客户要集中、精准，这样推广才会有实效性。要不然，效果必定会大打折扣。

在找到合适的目标论坛后，先要把论坛的规则弄清楚，知道什么是允许做的，什么是不可以做的。之后再了解清楚论坛各个板块的主题特色，这一点很有必要，因为不同的论坛板块适合不同的主题。

主题选定后，再注册账号做推广。注意账号不要用相同的IP大量注册，那样容易被禁言封号。账号的名字要简单易记、富有特色，最好能给人以亲和感。

另外，要尽可能多注册账号，除了一个主账号外，还要多注册"马甲"ID。不同论坛、不同产品、不同营销事件，需求的"马甲"数量不定，准备充分为好。

还要根据推广产品的不同注册相关论坛账号，这样有利于产品的推广营销。每个ID都要上传不一样的头像和签名，其中主ID

最好要特殊设计一下，以加深用户的印象。

账号注册成功后，要将个人资料尽量完善，要显得真实，以博取论坛成员的信任。

完善资料后，不要急于推广产品，要先和论坛内成员"混熟"，融入其中，争取给大家留下好印象，为后续推广打下良好基础。

帖子是论坛推广的重中之重，帖子的内容一定要找准产品卖点和用户需求之间的平衡点，既能完好展现产品卖点，又能兼顾用户的需求，两者要有机结合起来。

帖子的题目要尽量新颖，有创意，能吸引用户的眼球。看后无反应的帖子无疑是失败的。帖子的内容亦要有一定的水准，能够引发用户的互动，这样才能产生规模效应。其切入点可从娱乐性、需求性、社会热点、分享互助、利益相关等方面入手。为防止帖子受冷落，可提前准备好充足的"马甲"做推手，一旦帖子受冷落，即让"马甲"入场来"炒"，以带动或激发用户参与，条件允许的话，亦可以奖励的方式激励用户参与。

发帖的时间也要有所讲究，事实证明，一篇帖子能否被关注和发帖的时间有很大的关联性，通常情况下，在工作日时间，上午8:30到11:30，下午14:00到17:00，晚上19:00到22:30为最佳的发帖时间。

回帖也很重要，帖子发布后，最好每隔15分钟或者每隔3~5个人评论就要回帖，以显重视，有利于提升人气。回帖不要千篇一律式回答，如感谢关注、谢谢围观……这样的回答很肤浅，有敷衍之嫌，同时也缺乏水准。可提前设计好回应之话，既客气得体，又要有看点，以加深参与者的印象，同时激发其他用户的参与热情。

推广中，最好要安排专人管理账号、发帖子、回帖等。平时要和论坛的管理员或版主打好关系，他们的积极参与有助于论坛推广的开展和问题的有效解决。

由于论坛话题的开放性，大多数企业的营销诉求都可以通过论坛传播得到有效的实现，所以大多数企业都很重视这种营销手段，在各大知名论坛注册有账号，积极参与、配合企业的营销推广活动。

十一、软文推广

软文是相对硬广告而言的。由于硬广告语言过于直白，给人一种强迫感，这为很多人所不喜欢，另外，由于篇幅和时间限制，硬广告还给人一种短促、浅薄之感，这也为人们所抵触。但是软文就不一样了，它一反硬广告的直白和生硬，以"软"取胜。

软文的"软"体现在它会让用户在不知不觉中被作者成功洗脑，心甘情愿接受文中的观点，而对不同意见和观点丝毫听不进去。随着新媒体的普及式发展，一篇好的软文会被迅速转载到更多的媒体上，会让越来越多的人知道和了解，从而造成广泛影响。可见，要想成为一名优秀的网络营销人员，一定要学会写软文，学会利用软文工具。

软文所用体例非常多，几乎所有的体例都可为其所用，只要能完美地表情达意，更有效地提高用户体验和内心舒适度，任何体例均无不可。软文的载体也非常多，报纸、广播、电视、网站、微博、微信、论坛等，都是很好的软文载体。

软文是众多营销方法，如论坛营销、博客营销、新闻营销、事件营销的基础手段。软文的类别有很多，如新闻类软文、行业类软文、用户类软文等。

要想让软文达到让客户不知不觉"中招"的地步，就要深入研究其特点及写作规则，拿写新闻类软文为例，新闻类软文是最基本的一类软文，也是相对简单的一种软文形式，主要内容是报道企业新闻、企业活动、新产品发布等。基本要求是内容有亮点、表述流畅、用语精练、逻辑性强、表达完整，在此基础上，最好还要具有亲和力、吸引力和感染力。

下面是写一篇优秀的软文需要注意的事项，可作软文推广的参考：

1.做好自身定位

做好自身定位就是定好要达到的目标，是为了促进某款产品的销量，还是为了提升公司的品牌价值？定位不同，软文撰写的角度就不同，采取的方法和手段也就不同。

如果是为了促进某款产品的销量，软文就要从微观入手，深入挖掘这款产品的功能和特点，彰显其价值所在，而不是对所有产品都逐一介绍，那样就失去了重点，犯了假大空的毛病。而如果为了提升公司的知名度和品牌价值，软文就要从宏观入手，做一系列的介绍和推广，而不是着眼于单一产品的介绍推广。

单一产品推广成功的话，往往会让这款产品成为所谓的爆款，造成销量井喷。同时，会影响到其他产品，间接提高其他产品的销量。而提升公司的品牌价值，则会带来长期的利好效应，提高整体商品的附加值，增大利润空间，不足之处就是这种推广周期较长，不会收到立竿见影的效果。

对中小企业来说，应以提高单款产品销量为主，因为成本低、见效快。规模较大的企业，可以适当考虑品牌推广，以利于提高公司知名度和产品的附加值。

2.选好切入点

在做好自身地位后，就要考虑切入点的问题了。切入点的选择非常关键，关系到软文的成效。通常，切入点的选定需要考虑下列几方面：

第一，载体。就是要选择什么样的媒体和途径进行推广，是选择付费方式还是免费方式。

第二，受众。要考虑所选定的媒体的读者受众是哪些人群，考虑他们的口味、需求等。

第三，功能。就是要介绍产品的哪些功能才能成功吸引人，才能获取更多订单。

这几点对于如何写出一篇成功的软文非常重要，比如，选择不一样的媒体，软文的定位就要有所区别，如果选择在报纸上发表，软文就要注重品牌的宣传，突出介绍产品，以求给读者留下深刻印象。但如果在网站上发表，则可以将产品链接嵌入软文之中。

再如，要考虑媒体的受众群体是哪些人。如果读者是资深玩家或业内人士，软文就要写得专业一些，越专业越好，因为这说明你们研究得很深、很到位，加大取信于人的力度；但如果受众是普通大众，那软文就不能写得过于专业，要注重介绍产品的功能和价值，以及其他看得见的优越之处。

3.标题吸睛

对于一篇软文来说，标题起着提纲挈领的作用，因此，必须要能吸引住读者的眼球，只有这样才能勾起读者阅读的欲望。

如何才能做到让标题吸引人呢？有以下几点要做到：

（1）标题要切合读者的心理

要想对方动心，自然要把话说到对方的心里去。为此，就要认真研究受众者的心理，了解清楚他们所思所想，然后针对其心理需求，做出打动他们的标题。

（2）标题要关怀读者的利益

人们普遍关心自身的利益，对于这类的文章通常都会比较关注。拟定标题时，要考虑到这一点，尽可能将消费者的关注点包含进去。

（3）标题要尽可能新奇

标题新奇自然可以吸引读者，问题是如何做到新奇。如要求新，可以关注最新的新闻，结合新闻信息拟题。如要出奇，可在语言、写法、结构、表现形式上力求标新立异。

还要注意软文的排版，排版的好坏对软文推广的效果也有一定的影响，而这一点往往被忽略，排版会影响用户的阅读体验和转载率，所以要对这个问题重视起来。只要重视起来了，做到版式合适美观就不是什么大问题了。

软文写好后，接下来就是选好平台发布推广了。发布平台首选内容源网站，因为发布在内容源网站会被很多网站主动转载，增加曝光率和传播机会。另外，广为发布也是很重要的，也会加大传播力度和曝光率，所以只要能够发布的渠道，都尽量利用。

第五章

常用的网络营销方法

网络营销是互联网企业存在的重要基础,是企业整体营销战略的一个组成部分。随着大众对网络营销模式的认可,越来越多的互联网企业将营销重心转向网络营销策略的制定和落实上。一定程度上,网络营销方法的先进性和科学性决定了企业在市场上的地位。

一、微博营销

微博就是微型博客，博客的英文名叫Blog，中文名叫"网络日志"，企业和个人可以在上面以博文等形式发表意见和建议，或者宣传展示产品。而博客营销就是建立其上的营销方式。博客营销的特点是细分程度高、针对性强、互动性好、传播成本低、影响广。

微博营销与博客营销相类似。相对于博客，微博字数限定在140字以内，后来出现的长微博，字数限定在一万字以内，以图片形式发送。

国内最为有名、用户人数最多的当数新浪微博，此外还有网易微博、腾讯微博、搜狐微博等。有人说微博就像一个小广播，确实如此，只不过听广播的对象是你微博里的粉丝，而不是某个村镇的人。

微博作为一个特殊的网络平台，有下列几个明显的特征：

1.时效性强

微博最为明显的一个特征，就是它的时效性强。你在微博上发布的信息，转瞬间就可让你微博里的粉丝获知。粉丝再把消息转发出去，使获知人群更为庞大。

2.受众广

微博属于草根媒体，不设准入门槛，任何具有正常身份的人都可加入,因此微博的受众群体很大。一个受欢迎的微博,粉丝可能有几十万人。这样客观上就增大了微博的影响力,也间接奠定了微博推广的力度。

3.互动性好

作为平台,微博上既可以发布信息,也可以和粉丝互动。通过与粉丝的互动,能够增强平台的黏性和影响力,为营销积累资本。

将微博用来作为营销推广的"阵地",需要打造一些要素。就数量而言,自然是韩信用兵,多多益善,也就是说要多建立博客,至于要建多少,则是没有标准的,可以依据需要和时间、精力来定。以管好为第一要务。

但要注意的是,数量多不代表效果就大,这里面有一个精心打理的问题。每一个博客都要精心进行主题和内容的定位,定位通常是围绕营销的产品为核心展开的。

这是就数量而言,如果就质量而言,就要千方百计打造品牌博客,扩大影响力。要想打造品牌博客,首要的是定位,可从两方面进行准确定位。一是从用户定位,二是从内容定位。

用户定位很好理解,就是你要知道你的微博的浏览对象是哪些人群?以及你想用微博影响哪些人。你要认真研究用户的年龄、文化层次、喜好习惯、实际需求等。只有将这些因素了解清楚了,才能精准定位目标用户。

内容定位是建立在用户定位基础上,即内容定位一定要从用户的角度出发,努力满足他们的爱好和需求,帮助他们解决实际问题。

微博内容最好要原创，不要一味转载，一味转载会被粉丝认为实力不够。最好图文并茂，人气较高的微博多数是图文并茂的，所以要尽可能上传一些质量好的图片。

此外还要记得及时更新。更新要隔时间发送，以免粉丝漏看。发送时间最好选在人们上网较多的时候，通常早上10点左右，晚上7点到11点，这个时候是人们上网的高峰期，可以获得较高的关注度。

还有，一定要保持微博的活跃度，要吸引粉丝随时随地关注。可以适时转载一些有趣、受人关注的新闻。要及时回复粉丝的留言、评论，增加和粉丝的互动时间，这样才能让微博具有更大新闻价值和营销价值。

微博虽然限定了文字数量（上限是140字），但是对图片和视频却没有限制，所以可以加入一些图片和视频，丰富表现形式，吸引更多关注。

微博营销是一个长期的过程，要想长时间保持良好业绩，平时要精心打造、维护，不断地用促销手段刺激粉丝，提升关注度。

二、活动营销

所谓的活动营销就是企业通过介入重大的活动或者自己策划组织大型活动，提高自身形象和品牌知名度，并进而促进销售、提高业绩的一种营销方式。

与活动营销类似的一种营销方式是事件营销。它是企业策划、组织或者借助有新闻价值和社会影响的人物或事件而进行的营销方式。

无论是活动营销，还是事件营销，都具有爆发性和时效性强的特点，如果策划到位，再加上组织成功，会在短时间内引爆网络平台，出现朋友圈刷屏、微博刷屏等现象，吸睛效果显著，品牌效应迅速形成，进而能够极大促进产品销售。

要想让活动营销或者事件营销火爆，短时间内迅速引流，大体要做好下面几项工作：

1. 做好活动策划

正所谓凡事预则立，不预则废，活动营销亦是如此。活动之前肯定要制订出一套成熟的活动方案，包括活动要达到的目的、活动的形式和环节、活动预算、活动造势的平台、活动效果利用等。只有把这些环节设计好了，才能让活动顺利进行。

2. 活动预热

活动开始前要预热，引导用户在主体活动尚未开始时就参与其中，增加用户关注度和参与黏度，为主体活动做充足的准备。活动预热，可线上、线下同时进行，方式多种多样。预热做得越好，主体活动就越能充分展现。

3. 活动引爆

就目前来看，微博是为活动造势最好的平台。如果转载量超过千次，则可能成为热门微博。如果阅读量超过百万，则有机会登陆热搜榜。无论成为热门微博，还是登陆热搜榜，都极大地有助于宣传，引爆活动。

4.引流促销

活动营销多依托的是微信、QQ、短信等公众平台，用户需要提前关注微信、QQ等平台才能全程参与进来，这样就可以直接引流到平台数据库中。活动营销成功，引流的效果必然是十分显著的，也必然有助于企业产品的热销。

有了视频、博客、论坛、SNS、IM以及微博等平台为其造势，活动营销变得"不鸣则已，一鸣惊人"，很多企业千方百计寻找活动契机，开展多种活动营销，助力企业走上发展的"快车道"。

三、内容营销

内容营销是店铺进行内容策划、编辑、发布、优化等一系列提升内容品质的工作，然后以图片、文字、视频等为载体展示与传播给访客看的一种营销方式。

内容是流量来源的重要保证，从某一角度来看，甚至可以说是合法流量的唯一模式。因为用户在网上的各种活动，其主要目的就是为获取各种各样自己需要的信息，因此只要你的内容做得好，够吸引人，能够满足人们的实际需要，人们自然就会登录、点击，进而成为你的忠诚粉丝；反之，你的内容平庸，甚至很烂，谁也不愿意去看，即便是有愿意看的人，也寥寥无几，没有访客自然也就没有流量。

通常,文字、图片、视频是内容的三种主要表现形式。

文字虽然是最古老的表述方式,但也是最容易被搜索引擎抓取的一种方式,同时也是用户搜索自己感兴趣的信息或者产品最常用的方式。对一个内贸型企业网站来说,文字内容主要是关于公司的简介、产品和服务的简介,以及联系方式等。当然,不同类型的企业,文字内容也会有所不同。

文字内容中,产品或者服务的关键词很重要,包括产品名称、俗称、功能、型号等,都要用心揣摩设计,使其容易被搜索引擎捕捉抓取。不要为了方便,将描述性文字与图片一起转换成图片格式,那样不容易被搜索引擎捕捉。

图片是内容营销必不可少的要素,要想让图片吸引人,首先图片一定要干净清晰,拍摄光线要好。如拍摄效果不好,可用软件对其进行修饰。拍摄的图片多是BMP格式,这种格式不被网站所接受,要转化为能接受的JPG格式。

内容视频也是非常重要的,它既可是关于产品推介的视频,也可是公司介绍视频。虽然内容视频诞生的时间不长,但是发展却很迅速,对提升公司形象、推广产品意义重大。

内容展示要遵循一定的逻辑形式,第一段往往是对产品的介绍,第二段是关于产品的各种参数,第三段是关于产品的图片,第四段是产品的检测报告,后面还有售后、发货等的说明。

内容中还常常有内部链接。内部链接有助于拓展用户对产品的了解和认知。要合理有序安排内部链接,使其如蜘蛛网四通八达,易于被搜索引擎捕捉抓取。

对内容的排版要从遵循用户的访问习惯出发,能够让用户很方便地通过栏目访问想要访问的板块，页面要合理展现文字和图片信息，整个版面要整齐有序，充满美感。

内容营销有引领未来的潜在资质，优质的内容往往深入人心，正如前面所说，只要你的内容做得好，够吸引人，能够满足人们的实际需求，自然就能吸引人成为你平台的粉丝，反之必不会长久，因此一定要对内容营销重视起来，用心制作内容，以内容取胜。

四、野蛮营销

看名字就知道，野蛮营销属于一种强制性营销方式，它不管你是否愿意，都要你接受。网络野蛮营销的推广工具通常有下面这些分类：

1.QQ和旺旺弹窗

使用过QQ和旺旺的用户几乎都知道在使用这两个即时通信软件时，时不时会从界面上弹出广告，即所谓的"弹窗广告"。随着打击力度不断加大，这种野蛮推广方式有所收敛，但偶尔还会出现。

虽然弹窗广告受到很多人的诟病，但实际上效果却是不错的。对商家来说，这种营销方式费用较低，只要不发违法违规广告信息，不被腾讯或者淘宝屏蔽，还是可以施行的。

2.微信、短信

微信推广出现的时间虽然晚于QQ推广，但来袭更为迅猛。除了有野蛮性特点外,微信推广还有实时性的特点。大多数人在听到有微信来的声音后,都会浏览一下。短信推广也具有这样的特征。这就是两者的"优势"之处。

短信营销一定要避免给用户造成垃圾短信的感觉,那样的话很容易被用户屏蔽或者删除,之前所做的工作皆付之东流,为此要做到:信息内容简单明了,足够吸引人;结合节日信息推送促销;称呼和落款简洁清晰;发送的频率不宜过高,最好设定一个合理的发送周期日。

虽然现在短信营销的势头没有之前那样迅猛和火爆,但是依旧被一些用户所接受和青睐,而且一些大型企业短信营销的效果也还不错,所以不要忽视这种营销手段。

3.发帖广告

主要是论坛发帖。通常,广告商事先写好了软文,且已经将广告植入其中,届时在某一论坛发帖。由于之前做得过于暴露,很多时候软文被版主卡住。于是,有些广告商不将广告植入软文,而是在软文发帖后,将广告植入后续的回帖中,虽然这种方式效果差些,但是安全性要高很多。

4.电子邮件营销

电子邮件营销属于比较早的网络营销手段,广泛应用于网络营销领域。它是通过电子邮件的方式向目标用户传递有价值的产品或者服务信息的一种网络营销手段。

电子邮件营销具有成本低廉、快速精准的优点,因此曾获得快速发展。

电子邮件营销要注意下面这些事项：

（1）准确搜集用户数据

搜集用户数据的目的是把产品和服务的信息尽可能发给有需要的用户，避免盲目发送邮件，尽可能保证精准引流。为此通常需要搜集产品的受众、用户的实际需要，以及产品的使用价值等数据，了解清楚后再进行邮件推送。

（2）精心制作邮件模本

通常邮件页面宽度为600像素到800像素，过宽的话有些电脑无法一屏展现；页面长度在1024像素以内；HTML编码可使用UTE-8，HTML代码不要超过15KB；用Table不用DIV布局。另外还有一个需要注意的问题就是尽量少使用图片，尤其是重要信息避免使用图片展示，因为如果邮件被投进垃圾箱，图片就不显示了。

（3）设计好邮件主题

邮件主题往往决定用户是否打开邮件，所以邮件主题一定要设计好，以求能吸引用户。通常邮件主题要直截了当，一语中的地说明内容，可以使用独家、免费、幸运等字眼吸引用户。假如推送系统邮件，主题可以分成不同阶段循环使用，给用户一个完整的感觉。

（4）使用二维码

邮件内常放置二维码，目的是引导用户扫描并下载企业APP。作为网络营销投入较低的手段，二维码可以有效帮助企业从PC平台向移动平台引流，因此不要忽视其作用。

（5）确定发送频率

发送邮件最好要有规律，给用户树立一个正规、专业化的形象，通常选择白天作为发送时间，避免晚上影响用户休息。另外，还可以设定发送周期日，帮助用户养成阅读习惯，培养默契感，便于深度合作。

（6）精准设定内容

如果你的产品或者服务不能解决用户的需求，没有急客户之所急，那么多半会被客户当作垃圾邮件。所以一定要精准设定邮件内容，提高用户接受概率。

（7）引导回复

由于邮件营销属于一定范围内的"大撒网"，用户的反馈概率不是很高，但是如果在每次发送邮件时在邮件里写上诸如"期待您的参与""您的回复对我们很重要"之类的话语，就会有效提高用户的回复概率，从而增加与用户的交流机会，客观上有助于促进营销。

随着审查力度越来越大，野蛮营销也不再那么"野蛮"，而是变得更加隐蔽，变得更加具有技巧性，如淘宝的排名规则，这种广告推广，没有将广告直接推到用户面前，而是采用一种隐蔽的方法，将产品的购买链接巧妙展现给用户，加大客户的发现概率。

五、视觉营销

视觉营销是英文Visual merchandising的中文简写，指通过视觉激发客户的兴趣来达到产品营销或品牌推广的目的。

视觉营销是网络营销非常重要的组成部分。它以视觉呈现为手段，以营销为最终目的。好的视觉营销可以有效吸引客户眼球，增加店铺访客量，若再结合好的店铺布局、产品结构、人性化的营销方案，会成功实现潜在流量到目标流量再到忠实流量的转变，最终实现转化率大提升。

要想让视觉营销达到给访客一个好的购物体验，吸引访客进入店铺的目的，需要兼顾多个因素。各要素之间要搭配合理，彼此支撑，如就视觉呈现而言，需要兼顾产品图片、页面信息展示、字体、排版、色彩等要素，处理好它们之间的关系。

1.店铺视觉定位

视觉定位是视觉营销的前提，建立在对产品、受众人群、消费层级、消费对象、消费心理等方面的分析基础之上，例如，店铺主营低幼图书，那么消费对象应该是年轻的爸爸妈妈们，视觉定位就要根据这类访客的喜好来确定。在确定视觉定位时，要综合考量这些要素，找到它们之间的平衡点，力求定位精准。

2.做好CIS

CIS是企业形象识别系统（Corporate Identity System）的英文简写，企业形象识别系统可以简单理解为企业形象设计。它的作用是利用视觉呈现传递给公众一个企业的整体形象，以形成企业的品牌感，最终促进企业产品和服务的销售。

通常CIS可分为三个方面，即企业的理念识别（MI）、行为识别（BI）和视觉识别（VI）。这三项中，MI是CIS的核心，所有的视觉设计都是围绕它来展开的。它包括企业制度、企业文化、企业特征以及经营思路、经营方式等。

BI以MI为基本出发点，是企业经营理念与创造企业文化的准则。具体来讲就是建立完善企业的各种规章制度，还有开拓市场，进行对外文化交流等，以加大外界对企业的认知，增强对企业的认同感。

VI与视觉营销紧密相关，在CIS中最富感染力和传播力，它通过把企业理念、企业文化、企业品牌、服务项目等抽象化概念转化为具体符号呈现给外界，以达到树立企业良好形象，促进销售的目的。VI核心要素，即最为人所熟知的要素就是企业标志（LOGO），它具有象征功能、识别功能，一定程度上是企业的形象代表。

对LOGO的设计一定要严谨，使用上也要严格，不可随意更改字体、颜色、字的比例大小以及表现形式，应制定标志的使用标准，以保持使用标志的统一性和规范性，确保标志正确传递出企业的文化和理念。

3.视觉风格呈现

店铺视觉风格大致可分为简约型和专业型，简约型店铺虽然没有太多的装饰，但是细节的处理要求到位，不粗糙。文字内容、设计风格、版式呈现结合要完美，自然随性，浑然一体。

专业型店铺风格相对来说比较复杂，首先，不管是招牌、栏目区，还是商品描述、服务内容，介绍文字都要求精湛，表述到位；其次，各个细节要求完美，不能有明显的瑕疵；再次，各个板块的布局要符合人们的阅读、观赏习惯，不能过于另类；最后，各个板块栏目之间衔接要自然完美，不能出现跳跃性。专业型风格适合专一品牌或者高相关性商品的店铺。

实际上，无论是简约型店铺风格，还是专业型店铺风格，都要围绕店铺主流商品的特点来展开，如果店铺主流商品不止一种，可根据店铺商品主流访客的消费特征、消费习惯、喜好等做出合适的改变。

通常情况下，店铺风格确定下来后，就不宜做频繁的改变，这样消费者才会对店铺形成一个固定的印象。店铺风格规范一般要注意下面几点：

（1）LOGO要鲜明

LOGO是店铺的标志，在如今信息爆炸的时代，琳琅满目的商品让消费者眼花缭乱，要想让消费者留有好的印象，鲜明的LOGO是必不可少的。LOGO属于视觉形象艺术，总体要求是简洁、鲜明、有内涵。

（2）风格统一

店铺的风格要统一，主要包括LOGO的位置和颜色统一、文字字体统一、图片的处理方式统一等。如LOGO要尽可能出现在每个页面上，且位置相对固定；图片处理效果也力求统一。统一的风格有利于消费者形成明确、深刻的印象。

（3）色调一致

店铺基础色调要保持相对固定，且背景色、图片色彩、文字色彩及LOGO的颜色等要趋向基础色调。

（4）字体呈现

店铺的标准字体在关键词、菜单、图片中使用时要统一且突出，以求给消费者以固定、明确的印象，利于品牌形象的树立。

视觉营销重在吸引顾客眼球，增加访客数。想要吸引顾客眼球，需要兼顾页面信息展示、LOGO、图片、字体、版式、色彩等因素，做整体规划和设计，而不能仅仅停留在美观的层面，还要深挖产品品质、品牌效应，这样才能有效增大访客的支付转化率以及树立店铺品牌形象。

六、口碑营销

口碑营销，简单理解就是由第三方（除生产者和经销者以外）通过明示或者暗示的方法传递关于某产品、某服务或者某生产者、销售者，以及能够使人联想到上述对象的一种促进交易的传播行为。通俗地理解就是，通过第三方，主要是老顾客对产品和服务进行利于销售的宣传（口口相传），最终达到帮助企业提高交易概率的目的。

口碑营销有以下几个较为明显的特征：

1.可信度高

通常情况下，口碑传播发生在关系比较密切的熟人之间。在传播行为发生之前，他们之间已经建立起一种彼此信任的关系，因此，相对于陌生人或者商家、经营者的宣传，可信度要高出许多。

2.费用低

由于采用的是人际交互的方式,不需要商家或经营者额外拿出很多广告费,因此口碑营销的成本极为低廉,这也是口碑营销吸引商家的一个重要原因。

3.多渠道、团队性

口碑传播的渠道可以是传统媒体,也可以是网络媒体。传统媒体传播有报纸传播、杂志传播、电视传播等;网络媒体传播有博客传播、论坛传播等。

物以类聚,人以群分,一个圈子里的人往往有相近的价值观、消费理念和消费习惯,所以只要能够成功影响到一个圈子里的一部分人,就会很快影响这个团队里的其他人。

进行口碑营销时,要注意多个方面的问题,具体有以下几种:

1.产品为上

虽然口碑营销的成本低、可信度高,但能否成功以及是否能取得长期良好效果,其根源还在产品身上。如果营销的产品质量不过关,用户不喜欢,很容易产生负面的口碑效果,结果不但没有起到促进作用,反而起到阻碍作用,甚至导致产品中途退出市场,所以一定要保证所推广产品的质量过关。

2.策划好引爆点

要想在客户中间形成口碑效应,需要策划好一个引爆点,将用户的热情点燃,只有用户的热情被激发出来,愿意参与了,并有欲望把这个事情告诉给身边的人,才可能引发口碑传播。

3.选好传播渠道

传播渠道对口碑效应的影响很大,如果传播渠道不合适,或者不通畅,传播效果就会大打折扣,所以一定要选好传播渠道。通常根据产品的属性和推广要达到的目的来选择传播渠道,常见的网络传播渠道有博客、论坛、微博、SNS等。

4.注重细节

很多时候,影响用户口碑的,并不是产品或服务的主体,而是一些"零件"部分。用户往往以小窥大,一些微不足道的小毛病,足以让他们对产品或者服务产生坏的印象,进而产生负面口碑效果,所以,对商家来讲,一定要注重细节,尽可能让产品或服务完美。

5.加强整合

由于口碑传播具有一定的不可控性,用户审视角度不同,体验不同,对产品或服务的评价就不同,因此不能完全依靠口碑推广,要注重并加强整合其他营销手段,相互取长补短,发挥协同效应,才能使传播效果优异化。

6.利用好老顾客

事实证明,老顾客的配合对口碑营销是否能顺利开展起着非常大的影响,他们的宣传和推广也正是口碑营销的重要内容之一,因此要努力留住老顾客,并鼓励其积极参与宣传推广。

那么，如何才能让老顾客心甘情愿地当"传播大使"呢？最有效的办法之一是给予老顾客以合适的奖励，可以出台一系列奖励机制，激励老顾客消费以及为产品和服务做宣传。

7.常做促销活动

在同类商品很多的情况下，要想不被消费者遗忘，就要常做促销活动，给消费者各种各样的消费奖励，让他们帮你完成一次口碑传播过程，你的口碑营销进程也会因此大大提速。同时，这也会加强你和顾客的联系，增强他们对你的信任感。

8.把握好争议的尺度

事实证明，具有争议的话题最有传播性，但是争议往往又都带有一些负面的内容，因此商家在口碑传播时要把握好争议的尺度，不要让争议的天平向负面意见倾斜，最好让争议在几个正面意见中向前发展。

9.做好监控工作

要想让口碑营销有好的效果，监控是不可少的环节。不仅要对结果进行监控，还需要对传播的过程进行监控和管理，以便让口碑朝着正面、有利于营销的方向发展。

由于口碑营销常常是和其他营销手段结合应用的，所以要根据实际结合的营销手段采集不同的监测数据，若通过论坛来进行口碑推广，那么需要监测的数据主要包括发帖的数量、点击率、回帖的数量以及转帖数、转载量等。

总之，口碑营销要保证产品质量，注重细节，善于借助各种资源为自己造势，努力实现良好口碑循环，使口碑巨大的营销作用得以真正发挥。

七、会员营销

会员营销是建立在会员管理基础上的营销形式，就是企业以会员制的形式发展顾客，并提供差别化的服务和精准化的营销。这种形式的营销可以增加顾客的黏性，提高顾客的忠诚度，有利于保持和加大企业的长期受益度。

对企业来说，采取这种营销方式，可以大大节省公司运营成本，据统计，网络上争取一个新客户的成本要高出保留一个老客户成本的8倍，另有统计显示，商家的利润80%来自老客户，只有20%的利润来自新客户。也就是说，20%的老客户，创造了企业80%的利润。这也是企业都要下大力气做好会员营销的重要因素。

通常会员营销要经历四个阶段：野蛮推送阶段、定向营销阶段、精准营销阶段、个性化营销阶段，这四个阶段基本涵盖了会员营销的各个阶段，代表了会员营销的成长。

由于初期没有明确目标，只能漫天撒网，电子邮件、垃圾短信群发，为的是普遍培养，重点选拔。野蛮推送阶段过后，梳理出大概的方向和目标，然后开启定向营销，在这一阶段，营销的范围相对缩小，也不再完全盲目。

定向营销过后，推广范围进一步缩小，目标进一步明确，开始精准营销阶段。这一阶段，主要对目标人群进行画像，然后进行精准营销推广。精准营销阶段的开启是企业运转良性的标志之一。

个性化营销是会员营销的终极阶段，也是企业大力发展的主流方向。所谓个性化营销，就是从原来的针对某一人群，转变为个人量身定制的专业性的精准营销。

由于个性化营销是建立在会员个人习惯、喜好以及实际需求的基础上，所以具有很强的针对性，通常转化率可高达80%，可以说，个性化营销让精准营销更加精准。

需要注意的是，虽然会员客户属于商家的亲密合作伙伴，但是也不能盲目对其进行营销，要不然容易招致其反感，导致跳失率增大。一个成熟的商家都懂得分组、分层级对会员客户开展营销工作，就是按不同的营销目标对会员客户进行分析、分组、分群，设置不同层级，提供不同营销服务，这样做往往事半功倍，可以获得理想的效果。

对会员进行分析，主要是了解清楚他们的性别、年龄段、购物习惯、购物时间、购物次数、消费金额、消费区域以及消费偏好等，在了解清楚这些情况后，可以更好地维护与会员的关系，提升用户价值，更有针对性地提供好营销服务。操作步骤一般为：客户管理→客户分析→成交用户→访客人群洞察页面。

对会员性别的分析，使商家能够了解到底是男性用户还是女性用户对店铺感兴趣；对年龄段的分析，可以了解不同年龄段会员的特征；对购买区域的分析，可以了解哪些地方的会员购买力强以及哪些地方的会员比较多；对购买时间的分析和购买次数的分析，可以帮商家更清楚买家的购买能力和习惯。

对店铺会员进行等级设置也是很重要的，它能让商家了解到会员对店铺的价值和忠诚度。还可以吸引新会员，留住老会员，并在此基础上，设置针对不同等级会员的营销活动。

对会员分组管理，可通过不同模式进行，就天猫来说，操作入口是：客户运营平台→客户管理→客户列表→分组管理。

除了分组管理外，还可以对客户进行分群管理，就是可以把具有某种或者某几种相同特征的客户划分到一个群体进行统一管理。天猫模式是：客户管理→客户分群→新建人群。

在分组分群后，可针对不同的营销目的，选择合适的营销工具，制订不同的营销方案，以求达到最佳的营销效果。

天猫平台给商家提供了一款能够收集客户资料、编辑客户信息、设置客户等级以及添加客户标签的会员管理工具，商家可以利用它来进行对会员客户的管理，开展针对性营销工作。

八、数据库营销

数据库营销就是在对大量消费者信息分析整理的基础上，通过电子邮件、微信、短信、电话等方式与目标客户进行联系沟通，以促进交易目的的一种营销方式。它依靠的是庞大的动态数据库管理系统，核心是数据挖掘。

数据库营销有以下几大特点：

1.目标客户精准

长期积累的客户信息能够让商家根据客户的行为、偏好将其划分成不同的细分客户群,然后有针对性地开展市场营销活动,甚至可以有针对性地与客户进行一对一沟通,实现目标客户精准营销,客观上提高了企业的市场竞争力。

2. 投入成本低

由于数据库营销是在对客户进行筛选分析的基础上开展起来的,能够集中精力于更少的人身上,实现准确定位,因此无用功做得少,投资回报率较高,投入成本相对较低。

3. 隐性营销

数据库营销的方式比较隐蔽,很多环节都可以悄然进行,不像很多营销方法对外都是可见的,如广告营销、软文营销、新闻营销等,竞争对手很容易了解其操作过程和实施手段,很容易被抄袭和攻击。

4. 增强客户忠诚度

数据库营销可以实现一对一的营销方式,这种方式会给客户留下好印象,让客户获得一种被尊重感,从而商家与用户之间的关系变得更加紧密,增强了用户对商家的忠诚度。

5. 利于企业发展

数据库里关于用户的信息是用户的第一手资料,真实性高,对其分析可以了解不同用户的不同需求,根据这些需求来调整产品和服务的发展方向,利于企业和经营者更好地适应市场变化,更好地服务消费者。

实施数据库营销有五大步骤，或者说五大环节：

1.数据收集

建立数据库最重要的环节是数据采集，即如何收集客户信息，这里的客户既包括现有客户，也包括还没有消费的潜在客户。收集的方式主要有三种：第一种是自有用户，比如网络店铺服务过的客户，网络论坛注册用户等；第二种是通过市场调查消费者消费记录以及促销活动的记录，如通过网络有奖消费调查获得的消费者数据；第三种是利用公共记录的数据，如银行客户数据、医院婴儿出生记录、人口统计数据记录、经济普查记录等。

2.数据存储

收集好客户信息后，就可以其为基本单元，输入电脑，建立客户信息数据库。这是数据库营销必不可少的环节。

3.细分客户

对客户信息，要依据不同情况利用各种统计软件对其进行深入细分，勾画出某产品的消费者类型，建立消费者信息数据库。某类消费者类型具有一些共同的特点，比如消费水平、习惯、喜好、收入等。细分消费者的好处是，当准备推广某产品时，可以马上从数据库中调出与之匹配的消费者信息，进而实现精准营销。

4.数据库应用

数据库有多方面的应用，既可以指导商家向哪些目标客户销售产品，又可以指导生产者开发满足客户需求的新产品，还可以促进经营者改善产品或服务的布局。

5.完善数据库

数据库不是一成不变的，而是随时更新的，要想更好地利用数据库营销，就需要不断扩充及丰富数据库，不断地搜集和完善用户的各种信息，使数据库里的信息及时反映消费者的变化趋势，更好地指导企业服务消费者。

数据库营销主要有三种运营方式，对这三种运营方式，企业要根据自身情况，灵活运用。

第一种运营方式是自身数据运营方式，这种方式要求企业应该建立自己的客户信息数据库，对自身已有的客户信息进行数据化管理，然后通过一系列的数据库营销策略开展数据库营销。

第二种运营方式是租赁数据运营方式。这种运营方式是借助专业的数据库营销公司提供的关于目标客户的信息，进行针对性的营销行为。这种营销方式的好处之一，就是企业可以借此获取目标客户对自身产品和服务的关注，为后续建立客户关系、品牌推广、产品布局等营销行为打下基础。

第三种运营方式是购买数据运营方式。这种运营方式与数据租赁方式大同小异，只不过一种是通过租赁的方式获得目标客户信息，而另一种是通过购买的方式获得目标客户信息。

无论哪一种运营方式，都需要企业自身要有匹配的营销运营机制以及合适的营销运营平台，三种营销方式有机配合使用，会让数据库营销的优势得到很好的发挥。

九、播客营销

先解释一下什么是播客，播客音译Podcast，是iPod+Broadcasting的简称，数字广播技术的一种，就是利用一些软件通过Podcasting平台网站下载和录制一些网络声讯节目，然后通过iPod等随身音乐播放器播放，或者上传与人分享。除了下载，还可以订阅，订阅的好处是有更新时不用再去下载，也不用非要实时收听，而只要启动相关软件，订阅部分会自动更新，十分方便。

播客与博客两者很相像，只是博客内容主要的表现形式是以文字、图片为主，而播客内容的表现形式是以视频、声音为主。博客具备的网络特点，播客也多半具备。

而所谓的播客营销就是以播客为传播体的营销方式，从播客的定义中，可以看出播客营销具有平民性、草根性、社群性、自由性以及低价性的特点。

播客营销的平民性很好理解，就是任何人都可以录制自己或者他人的声音和视频，再传到网上，与人分享。当然，录制的内容要通过相关部门的审查。现在很火的抖音、快手、西瓜、火山等视频都很好地诠释了播客营销的这个特点。

播客营销的草根性与平民性含义相近，任何人只要学会了录制、上传技术，就都有权利录制并将之上传，内容五花八门，既可以是一些新闻趣事，也可以是自己喜欢的事物，还可以是自己的搞怪视频，只要不违背公知良俗、不违背法律法规所禁止的内容，都可以录制上传。

播客营销的社群性表现在某一音频或视频能够唤起一部分人

的情感共鸣，他们充满热情参与讨论和传播。播客营销的这一特点将其推向营销的新起点。

播客营销的自由性表现在用户可以自由选择时间、自由选择地点、自由选择播放方式。在收听、收看的时候，可以同时做另一件事，获得了极大的自由。

播客营销的低价性也好理解，由于这一形式决定了商家只需要投入很少的硬件设备和软件费用就可以把产品信息推到特定消费群体中去，同时由于播客的目标群体有较为明显的共性，使得广告的效率也很高。

在美国，Podcast早已成为市民生活消遣的主流，用户每周平均收听时长为6小时，在国内，这一趋势也正逐渐显现，据统计，2018年中国播客广告收入为9500万美元，预测至2020年将增长到1.9亿美元。可以说播客营销前景广阔，未来必将成为广告主倾力打造的对象。

十、新闻热点营销

新闻热点营销就是借助新闻热点的影响力而做的营销，有多种体现方式，如可以借助新闻本身和自身产品的"相通点"推动销售，还可以借助新闻的辐射效应营销。

由于新闻热点具有一定的偶然性，所以有意蹭新闻热点的商家，平时就要做好各项准备，包括与各类媒体，特别是与官方媒体打好关系。平时要多渠道了解新闻热点情况，当发现"有机可乘"时，就可以借东风上青天了。

网络的出现让新闻热点营销不再仅仅是媒体之间的相互转载和吹捧了，而发展成为一种大众行为，越来越多的人加入进来转载、分享，使其成为目前最为时新的营销方式之一。

成功的新闻热点营销离不开高明的策划。不同类型的新闻热点，策划也往往是不同的。

如果是计划性新闻，由于事先已经知道消息，所以有时间做好各项准备工作，能够保证各项活动按部就班顺利进行。在活动中和活动后的媒体报道宣传上，哪些事项要重点报道，哪些事项要避免出现，一定要做到心中有数，总的原则是多宣传报道有利于自己的消息，酌情报道不利的消息。

如果是偶发性新闻，就要根据具体情况采取机动灵活的措施了。新闻有利于自己，就要跟进、及时利用，借以提高企业形象和口碑，进而促进销售。即使新闻与自己无关，若能从中发现可做文章的地方，也要想办法"利用"，借以提升自己。

如果新闻不利于自己，也不要"坐以待毙"，要根据情况及时采取措施，从容应对，尽量降低不利影响，扭转形象，努力减少由此造成的各项损失。

学会打造新闻热点是新闻热点营销最为重要的环节，要想成功打造新闻热点，最重要的就是抓住公众的心理进行炒作，其次要想办法将企业和产品与公众的心理建立起联系来。

抓住公众的心理就是抓住公众的兴奋点。要了解清楚公众所思所想，最关心什么，最在意什么，他们的痛点在哪里，以及怎么才能唤起他们的关注。

将企业和产品与公众的心理联系起来，就是要想办法将产品与公众的兴奋点结合起来，借助公众的兴奋点，提升自身关注度，进而提高产品销量。如有的商家在"淘宝双十一"产品打五折的基础上，再打出免物流费、免安装费的营销广告，一下子吸引了不少消费者，销量提高不少。

总之，要想做好新闻热点营销，就要及时抓住新闻热点，及时跟进，并将自家产品及服务与新闻热点有机结合起来，借新闻热点炒作，提高关注度，提升销量。

十一、网红经济

网红是当下最热门的网络热词，服饰、食品、用品一旦被冠以"网红"的前缀，立刻备受推崇，进而造成一种抢购现象，这就是疯狂的"网红经济"效应。

"网红"又称"网红达人"，是指在现实或者网络生活中因为自身的某事或某些行为，被广大网民关注而走红的人。

"网红经济"的出现是网络营销发展的必然结果，它代表了一种新经济力量。阿里巴巴集团首席执行官张勇曾在一次演讲中这样说："目前在淘宝平台上出现了崭新的一族，我们称其为'网红一族'。'网红一族'的产生和爆发，是新经济力量的一种展现……网红靠个体的力量，聚集了一群和他们志同道合的粉丝，最终产生了商业的机会，这是非常非常奇妙的。"

网红经济的产生和爆发得益于这样几个关键要素，一是"草根明星"的兴起；二是网络社交平台汇集了海量用户；三是移动网络技术的发展和成熟带动了视频直播产业的火爆；四是大量资本的涌入，给网红经济带来了强劲动力。

众多的网红社交平台给网红达人提供了施展才华的舞台，微博、微信、映客直播、斗鱼直播、熊猫直播、YY直播、抖音、快手都属于这样的平台。它们各有各的特点，也都曾助力网红达人创造了不菲的业绩。

"网红经济"的收益是令人瞩目的，2016年最红的网红Papi酱凭借在微博上发布的吐槽短视频，拿到了1200万元投资，其贴片广告拍出2200万元天价；另一位网红"雪梨"的淘宝店铺当年年收入轻松过亿。据统计，2018年网红经济规模突破2万亿元。

"网红"是如何轻松赚得盆满钵满的？下面盘点一下主流网红经济变现的模式。

1.广告收益

广告收益是"网红经济"第一变现模式，深得"网红"及其背后团队的青睐。常常是通过原创小视频插入广告来获得粉丝的关注。广告展现有两种途径，一种是在视频中插入静态的物体；另外一种是在视频后期制作中加入广告的元素。若能在腾讯微信公众号上展现，还可以加进去文字广告，这样就更有展现力了。若运作成功，通常广告收入较为可观。

2.卖会员、VIP资格

这种模式也是网红经济常见的变现方式。当一个话题被网红炒到很热闹的时候，会有越来越多的粉丝加入，当聚集了足够多的粉丝关注时，或者引起了更多人关注时，就可以售卖会员、

VIP资格。通常一个会员、VIP资格可以售卖到几十元的价格,可以说收益非常诱人。

3. 粉丝打赏

不得不说,有些粉丝是疯狂的,为了表现自己的"忠心"和喜爱,博得主播关注,他们多不惜慷慨解囊,一场直播下来,很多网红收到的打赏钱轻松就可过万。

4. 做形象代言人

很多网红在网上"红"了之后,一些企业就会主动找上门来,要求做自己企业或者公司品牌的代言人。如果合作成功的话,对网红而言,不但收益很可观,而且有助于提升自己的身价,推动自身全方位的发展,所以网红往往把形象代言当作自己的门面,努力争取。

5. 商业策划与合作

由于网红在炒作上有着强大的竞争优势,所以很多商家借助其超强的炒作能力精心策划、运营项目。有统计表明,如果一个网红的粉丝量和流量总体在亿级以上,商业合作收费就能达到百万元级别,可谓"钱途"广大。

6. 网红培训

网红经济的火热,让很多商家看到了商机。一批专门培养网红的学院、平台应运而生。比如网红商学院、网红大联盟等,专业培养网红,赚取收益。

7.微电商模式

这种变现模式有一定技术含量,需要粉丝"配合"方能实现。就是利用微信公众号推送商品链接,引导粉丝打开和购买。"逻辑思维"主讲人罗振宇采用了这种模式,成功推送产品,赚得盆满钵满。

除了上述几个变现方式,网红经济还有其他的变现方式,但无论哪种模式,都要利用好网红自身的影响力,利用好粉丝的力量,才会最终获得良好的经济效益和社会效应。

第六章
网络引流策略及利用

流量是店铺的基础保障,是店铺运营的前锋,对店铺的发展意义重大。一个网络店铺要想在竞争激烈的市场环境下生存并有所发展,势必要制定出占据优势的引流策略,并要及时落实到位。

一、争取好的自然排名

就网站而言,网络排名指的是自己的网站在互联网中的位置。通常有两种方式决定网站排名,一种是付费排名,一种是免费排名。付费排名就是付钱竞价,这种模式遵循谁出的钱多,谁的排名就靠前的原则。淘宝直通车、百度搜索引擎、阿里巴巴网销宝都属于付费排名。付费排名效果很显著,但是有一个巨大的缺陷,那就是费用太高,很多商家都承受不起。

免费排名就是不经过竞价,而通过合理的安排,以免费的方式获得好的自然排名。

排名靠前意义重大,据统计,如果网站在搜索引擎中排在前三位,那么至少能吸引80%的客户流量,排名越靠后,流量就会迅速锐减,一般情况下,多数客户只会看搜索结果第1页所展示的产品,其中百分之六七十的用户只浏览前三行的产品。如果你的产品不在前三行,可想而知,被浏览的概率就会大为降低。

对商家而言,要想提高流量转化率,首先需要把流量引来。排名靠前就意味着流量有保证。由于付费排名费用太高,代价太大,所以靠自然排名引流成为商家最有价值的获取流量的方式,每个商家都在千方百计争取好的自然排名。

要想钓到鱼,就要知道鱼是怎么想的。要想在搜索引擎上获得好的自然排名,让搜索引擎快速找到你,就需要从搜索引擎的角度去想该如何做。

搜索引擎的一个重要特点是必须通过文字搜索网页，而且搜索源代码越简洁，搜索蚂蚁工作得越快，这就要求商家一定要注重对文字的处理，网页的内容要尽量简洁化。

文字的处理通常包括下面几项内容：

字与字之间要连续、紧凑，关键词之间不要用任何的字体修饰，也不要用符号间隔，避免让搜索引擎误判为两个词。

由于搜索引擎是搜索不到图片的，所以不要将文字写到图片中。另外要尽量对文字进行字体、字号、颜色的设置和修饰，以吸引搜索引擎的关注。

还有就是图片的命名要与图片的内容有一定的关联性，这样有利于搜索引擎寻找和抓取。

在内容上，尽量要保证内容新颖、原创性强。新颖、原创性强的内容会吸引搜索引擎到访，会优先被搜索引擎抓取。如今搜索引擎技术越来越智能化，识别能力越来越高，那些内容新颖、原创性高的标题、文章正逐渐显露优势。

阿里巴巴有一套自己的店铺评价系统，该系统倾向于将优质店铺推荐给访客，所以商家要尽量按照阿里巴巴的系统要求完善、优化自己的店铺，以争取到好的自然排名。

通常阿里巴巴会给出店铺的得分和优化建议，如店铺装修建议、产品优化建议等，通常只要按照列出的建议去优化，就会提升店铺的得分，进而迅速提高自然排名。如果参加了付费竞价，也会增加付费排名的转化成功率。

二、拟定有吸引力的标题

有吸引力的标题有这样几个好处,一是可以提高搜索引擎访问的概率;二是能让关键词在搜索引擎中的排名靠前;三是在同等条件下,可以让访客迅速找到他们需要的信息。

一定程度上说,标题就是关键词的组合,前面已经就关键词的设立做了说明,这里补充说明一下做好标题要注意的其他事项。如果商品信息多,且可以并列,可以考虑多列出几条,而不要写在一个标题之内,这样做的好处是能够避免被搜索引擎判定为关键词堆砌,而且还能够让顾客更加清楚地看到商品信息。

标题要尽量做到简洁明了,要让访客能一眼看到关键信息。由于一个页面展示了多家同类商品,访客在浏览时,往往会选择简洁明了的标题点击访问。这就要求在拟定标题时,不要罗列不相干的信息。标题的字数都是有限制的,一定不要浪费,而要充分利用展示。

标题还要尽量将商品信息详细化,简洁不代表不能详细,两者并不冲突。几十个字的标题,足以将商品的信息展示清楚,吸引访客点击。

要尽量站在顾客的角度拟定标题,要多了解他们的搜索习惯,推测他们的心理需求,努力让标题"深入人心",可以通过搜索数据来帮助自己确定客户的心理需求,提高命中率。

标题中除了关键词外,还可以加入相关的服务项目,比如"包邮""送货上门""包安装""赠小礼物"等,这也是提高标题吸引力的重要内容。

有相当一部分顾客还是很在意这些服务的，毕竟各有所需，而且现在人们大都希望越省事越好、越便宜越好，所以，大件商品，如果能提供免费送货上门和安装服务，自然会比那些收取邮费和安装费用的商品更有吸引力。

除了标题要有吸引力外，内容也十分重要，按搜索引擎的喜好，内容越新颖越能得到"关照"，就是说新颖的内容会优先被搜索引擎选择和收录，所以要力争做到内容新颖。

要想内容新颖，就要努力创新，不要无意义地堆砌内容，即便转载也要转那些有内涵、有价值的内容。

三、做好图片宣传

网上销售与实体店不同之处在于，实体店的商品可以看得到、摸得着，而网上销售的商品只能通过图片以及视频展示来让顾客获得信息。这既是网上销售的缺陷，同时也是优势之一，因为这种模式给商家提供了展示的"大好良机"。有些商家的产品并不是很好，但是通过对商品图片的精心修饰，产品顿时变得很高大上，甚至美轮美奂，让消费者产生了强烈的购买欲望。而有的商家产品不错，但是对商品图片不够重视，展示的图片很普通，没有很好体现出商品的价值和质感，没能激发出消费者的购买欲望，最后没能换来订单，这不能不说是一种遗憾。

网络上的商品图片要做成JPEG格式，这种格式的图片占用的空间小，图像清晰，像素通常要在700像素以内。从功能上可以将网络商品图片分为整体图和细节图。整体图就是商品的全貌展示图。细节图就是对商品细节部分的展示图。

整体图的要求是能展示商品的全貌，要处理好构图、光线和背景，让商品看起来清晰、完整、美观，展现出商品的真实感和品质感。

相对于整体图，商家更要重视细节图的修饰。事实证明，清晰、完美的细节图更能调动起消费者的购买欲望。因为消费者关注的很多问题多展现在细节图中，如工艺水平、材料质地、成品尺寸等，这些说明和数据参数直接影响消费者的判断力，有助于其做出最终判断。

优质的细节图不但有助于消费者做出判断，提高商品成交率，而且能大大减少消费者的问询时间，降低了客服人员的压力，客观上也为商家节省了成本。

通常细节图主要包括方位展示图、材质展示图、工艺展示图、尺寸展示图、功能展示图等。方位展示图就是商品的前后、左右、上下展示图。各个角度的展示有助于帮助消费者了解清楚商品的外观情况。

材质展示图就是对商品用料、材质的展示图片。很多商品需要放大细节才能看到材质情况。随着人们环保意识的加强和消费理念的提升，对材质提出了越来越高的要求，所以这一细节不容忽视。同时，可以借助对优质材质的展示，增强顾客消费的信心，提高销量。

工艺展示是展示商品各个环节工艺水平的图片，良好的工艺必然有助于提升消费者的放心度，从而提高销量。

尺寸展示图就是商品相关尺寸的展示图片。有很多商品需要向用户说明尺寸，以使用户了解该商品是否符合自己需求。标识清楚的图片，可以减少用户询问客服人员，客观上降低了客服人员的压力。

功能展示图就是展示商品功能的图片，特别是要注重突出展示商品与众不同的功能，以增大对消费者的吸引力。

在具体拍摄时，要考虑好主要展示商品的哪些角度，需要重点展示哪些功能、材质、工艺等，以及如何展示最合适，这些都要考虑清楚。图片背景的选择也很重要，如果商品有颜色，通常适宜选择白色背景。如果商品为白色，背景选择其他单一颜色为好，便于修改和更换。

在后期制作过程中，要做好图片色彩、大小、锐化、拼接等的处理和调节，保证修饰出来的图片清晰、美观。另外，可以在图片上加入文字来帮助促销，有图有文字，会更让消费者动心。

四、有竞争力的价格

人们之所以选择在网上购买产品，一个原因是网上购物比较方便，足不出户就可以完成交易；另一个重要原因是价格便宜，包括淘宝、京东、拼多多这些主流购物平台，吸引客户的主要手段之一也是价格方面较实体店便宜。

不过由于网络营销一定程度上销售价格是透明的，所以很难出现同类同品质产品的销售价格一家比另一家高出许多的情况，因此要想赚取更多的利润，必须要在成本控制上下功夫，总的要求是在保证质量的前提下，尽量压低成本，只有把成本有效降低，才会产生更多利润，从这一角度来看，卖家之间的竞争是成本上的竞争。

在电子商务营销中，成本可以粗略地分为三大块，一个是生产过程成本，一个是物流成本，还有就是营销成本。生产过程成本简单来说就是生产一件商品需要支出的费用，它属于卖家的基础成本，通常包括物料费、动力费、人员工资、工作场所租金，以及相关税收等。如果是采购其他家产品销售，那么采购费用就是生产过程成本。

在网络营销中，物流成本是一项占有很大比重的成本开支。诸如淘宝、京东等B2C商家，他们的物流成本主要是快递费用，有的还有仓储费用。通常，发货量大的商家都有自己的合作快递公司，批量走货的物流费用要比单件物流费用降低很多，因此，如果发货量很大，往往就有了和快递公司讨价还价的资本。对普通商家来说，可以考虑和低成本快递公司合作以降低自己的成本开支。

营销成本通常包括工作人员工资、各种管理费、广告营销费用。也可以简单划分为售前营销成本和售后营销成本。售前营销成本主要是售前的营销费用和广告费用，例如直通车推广、购买钻石展位等，营销人员的工资和相关的管理费用也都属于售前营销成本。两者有很大的不同，前者不是固定的，且无上限，后者相对固定，而且随着销量递增，摊销降低。

售后营销成本主要指退换货造成的损失。由于网络营销中，退换货率远比线下店铺要高，所以这项费用也是一笔不小的支出。解决的办法是做好售前营销工作，降低退换货率。

除了成本，定价也要多费些心思。价格通常是影响交易成败的一个重要因素，同时也是市场营销中最不好确定的一个因素，这就要求商家既要考虑成本费用外，还要考虑消费者对价格的接受能力，同时还要兼顾其他一些要素，比如市场竞争因素、国家政策因素等。

除了上述因素外，产品定价还要考虑商品的品牌价值和客户的忠诚度。为什么这么要求呢？由于网上销售，消费者看到的只是产品的图片、视频以及文字描述，无法确切了解其实际性能，这时产品的品牌就会影响消费者对产品的认可程度，若产品有很好的品牌价值，得到了很多人认可，客户忠诚度很高，那么他们对产品的定价也多半是认可的。这样商家对产品的定价自由度就会相对高些。

定价有下面几个小技巧，不妨参考一下：

1. 化整为零法报价

化整为零法报价，就是将"大钱"化成"小钱"，从而淡化客户对于价格的敏感度。人都有这样一个奇妙的心理：就是对一个数字觉得很大时，如果把它拆分开来，就不觉得很大了，从而最终很可能接受这个产品。

2. 零头结尾法

就是价格不是整数，但与整数很接近，最有代表性的是以"9""8"为零头，比如79.90元、39.80元。虽然非整数价格与整数价格差别极小，但是给予消费者的心理信息却是不一样的，能很好地激发消费者的购买欲望。

3.频率排序法

大量统计表明,易被消费者接受的商品价格数字是按一定频率排序的,先后依次是5、8、0、3、6、9、2、4、7、1,排名越靠前的越容易获得顾客认可,排名靠后的就不大受欢迎,因此定价时要择优选择前面的数字。

4.分期付款法报价

现在无论买房子、买汽车、买家电,都可以分期付款。网上更是将这种报价法运用到了极致,甚至还可以打白条。这种方法使本来很大的一个数字,让大家感到并不难以接受了。细水长流,就觉得轻松多了。

对网店而言,产品价格一般要低于实体店铺同类产品价格,并且要尽量避免与自己在实体店铺或其他线下销售渠道销售的商品重叠。

总之,质量方面有保证,价格方面又占了优势,再配合合适的营销方式,产品自然就会拥有强大的市场竞争力,流量也就有了相应的保证。

五、让详情页为你加分

商品详情页指的就是介绍商品的页面,在店铺看见一个宝贝点击进去的页面就是宝贝详情页面,很多时候详情页是流量进店的第一站。一定程度上,详情页的好坏,决定着访客是否愿意下单购买该商品，或者继续浏览店铺的其他页面。

详情页有提升转化率、提高客单价、降低跳失率等作用，所以要想增加店铺流量，提高成交率，就要努力做好详情页。

需要强调的是，详情页不是简单的商品图片和相关参数的罗列堆积，它是一种有机的结合，需要经过细致的分析和精心设计，才可能制作出符合消费者心理需求的页面。

下面是制作详情页的一些重要建议，不妨参考一下。

1.研究竞品

要想做好详情页，首先需要对同类竞品的详情页进行仔细研究，找到对方产品的营销点、受众人群、页面逻辑等相关内容，再对照自身，找出自己的优势之处和差异化的地方，然后扬长避短，将优势之处体现在商品详情介绍上。

2.提炼卖点

虽然模仿那些大店的详情页很重要，但是并不是让你单纯地，甚至盲目地去模仿，那样容易"失去"自己，被消费者忽略。模仿很重要，但在模仿中突出自己更重要。如何能在模仿中突出自己，重要的方法就是提炼出自家产品的卖点，造成差异化优势。卖点就是满足受众人群的需求点，也就是让消费者购买商品的理由。只有提炼出合适的卖点，才会刺激消费者心甘情愿掏腰包。这些卖点要在详情页中很好地体现出来。

3.产品展示

在产品展示时，要尽量做到从各角度、各维度视觉化展示，要把产品的卖点突出出来，可能的话，尽量用场景图去激发消费者的购买欲，塑造拥有后的感觉。要注重产品细节的展示，努力通过细节完好体现产品的卖点。细节展示主要包括产品品质、工艺、尺寸的展示，通过这些展示，让消费者感觉物有所值，从而促进交易达成。

4.对比展示

由于消费者在做购买决定时，常常货比三家，为更好服务消费者，同时也为了展现优势，商家在宝贝详情页常常对同类商品进行对比，以突出自家产品优势。

一是竞品对比。一般是将自家产品和市场上比较流行的产品进行对比，以自身优点挑战对方缺点，借以提升消费者的购买欲望，帮助其做出购买决策。二是真假产品对比。真假产品的对比主要是产品材质、工艺、外观、包装等方面的对比，通过对比发现真伪，继而去伪存真，打消消费者的购买顾虑，提高交易率。

5.包装展示

很多消费者不仅关注产品本身，也关注产品的包装。安全、美观的包装有助于呈现商品的价值，提升消费者购买信心，提高购买欲望，因此详情页有必要将产品的包装完好呈现。产品包装包括商品外包装和物流包装。商品外包装的呈现要体现出商品的价值。物流外包装要呈现对商品的重视和精心保管。

6.品牌展现

品牌文化是企业能得以长期发展的一项重要举措，也是必经之路。若能在详情页中适当呈现企业品牌文化，势必会加大消费者对企业、对产品的信心，从而提高转化率。

7. 承诺展示

商家的承诺体现了商家的诚信和对消费者的重视。因此，多数商家在详情页上都做了承诺。常见的承诺内容有：24小时发货、假一赔三、正品保障、7天无理由退货等。商家还可以根据自己的实际情况做出承诺。既然做出承诺，就要履行到位。否则，失信于人，容易引起售后纠纷，影响商家信誉。

如果有产品的资质证书，也最好在详情页上展现出来，因为可以体现甚至提高商品的价值，借以打消消费者的购买疑虑，促进交易的达成。进货发票、质检报告、认证证书等都在资质证书之列。

另外，在设计详情页的时候，若想同时上传到PC端和手机端的话，最好要设计两套详情页，内容可以一致，但上传手机端的详情页的文字要相对上传PC端的大一些，这样，在手机端详情页显示的时候，文字才不会显得过小，适宜阅览。

六、争取客户的好评

网络上，客户的好评会提高流量转化率，会增加订单，这是不争的事实。评价作为一种信用参考，已经融入网络营销当中。绝大多数人网上购物时，除了要认真看商品介绍外，还要参考客户的评价，特别会关注中评和差评。如果好评、中评多，就会下决心购买；相反，如果差评多，往往就放弃了购买。

评价对中小商家影响很大，如淘宝集市、天猫、QQ商城情况都是这样。以淘宝商城为例，它的评价分为三个方面：

一是买家累积评价，它是以成交的次数积累信用的，分为"好评""中评""差评"三类，每种评价对应一个积分，"好评"加一分，"中评"零分，"差评"扣一分。

二是动态评分。这是淘宝平台根据客户对商家的评价而对商家的评分。虽然是淘宝平台给出的评分，但是它的依据仍然是客户给出的评价。

三是客户的文字评价。这是客户在交易成功后，对商家宝贝或者相关的服务，包括客服、物流等做出的文字评述。多数消费者很在意这种评价，把它作为自己是否购买的重要参考因素。

文字评述还有一个追加评论的功能，就是在交易成功后三个月内，买家追加的对商品以及相关服务的评论，这是买家权益的重要体现，对商家有着重要影响。

无论哪种评价方式，都对商家有着非常重要的影响。商家如果想要提高流量转化率，想让销量稳定上升，就要想方设法争取客户的好评。下面是争取客户好评的一些有效方法，可以参考应用。

1.保证宝贝的质量

这是获得客户好评的根本。如果你销售的是假冒伪劣产品，可想而知，无论是谁，收到这样的产品都会很生气，给出差评是再自然不过的事情了，所以一定要保证所售宝贝的产品质量。另外，有些时候，虽然商品很好，但是由于没有包装好，物流过程中遭到了损坏，这也是客户给出差评的一个因素，所以要做好包装，可以填充质量好的气泡垫以作缓冲。

还要提醒买家，对易损商品，一定要当场开箱验货，如发现宝贝损坏，要拒收，然后联系商家客服，要求退货或者换货。

2.保证良好的沟通

良好的沟通十分重要，一个是售前沟通，一个是售后沟通。售前沟通，就是在客户有疑问的时候，要及时、清楚并有礼貌地给予专业回答。如果反馈不及时，往往会让客户心生不满，交易也多半做不成。

售后服务也非常重要，如果客户的问题没有得到满意的答复，或者答复姗姗来迟，甚至不理不睬，差评自然也多半不可避免。相反，对客户的问题及时回复，则会让对方觉得受到了重视，自然会给好评。

3.宣传适当，不失真

在进行宝贝宣传时，要谨记适当，不可过度夸张。过度夸张，甚至无中生有，会让客户收到产品后，产生一种上当受骗的感觉，自然不会好言相待。

宣传适当，不失真通常包含两方面含义：一是文字描述客观、真实；二是图片真实，不能盗图。图片真实不等于不能修饰，适当的修饰是允许的，也是客观需要，但是一定本着真实拍摄的原则适当修饰。

4.合理施惠

商家可以通过一些小手段来获得客户的好评，当然这些手段是被允许的，是在不违反规则的前提下进行的。如进行好评有礼活动，方式不一，可以赠送优惠券，下次来店购物时可以使用；在快递里赠送一些小礼品，给客户惊喜。

还有一些商家采用现金返利的方式获得好评，就是承诺客户如果给五星好评，并认真写评论、晒图，就可以返几元到客户账户。实际上，这种方式是违反规则的，不提倡这样做，但是很多商家却一直坚持这样做，因为这种方式确实很有效。它利用了人们贪小便宜的心理。

5.让客户追加评论

由于评论是在使用产品一段时间后做出的，具有真实反映商品质量的功能，所以往往具有更大的参考价值，正由于这个原因，也就对商家更具有影响。如何才能有利于客户追加评论呢？下面是一些行之有效的小技巧，可根据情况酌情使用。

（1）保证良好的售后服务

售后服务一定要及时、到位，尽量帮助客户解决疑难问题。

（2）适时赠送小礼物

可适时赠送客户优惠券、小礼物，增加客户对店铺的黏性。

（3）及时回馈客户的评论

对客户的评论一定要及时回馈，同时表示衷心的感谢，让客户觉得受到重视，从而愿意追加评论。

有一种情况也是无法避免的，就是即使你的商品很好，服务也很到位，但是由于消费者形形色色，心态、动机也不一而足，所以差评也往往是无法避免的。

如果有了差评，如何处理呢？通常差评是有原因伴随的，如产品质量差、客服态度不好、物流差劲等，先分析一下是不是恶意差评，若不是恶意差评，找一下自身原因，看是不是自己这边有些环节没有做好。是的话，要马上着手修正。同时，积极与对方沟通，尽可能弥补对方的损失，请求修改差评。通常如果沟通到位，对方是愿意做修改的。

若是恶意差评，则需根据不同情况对待，尽量与对方达成和解，通过给对方一些补充，让对方修改差评。如果对方得寸进尺，则要搜集证据，向平台举报。

七、提高店铺评价

评价对店铺排名意义重大，评价高的店铺排名靠前，易被搜索引擎捕捉，更为重要的是流量转化率高，因为用户都倾向于从评价高的店铺购买产品，实属人之常情。商家对此十分清楚，所以他们想尽办法提高用户对自家店铺的评价，特别是初级卖家，用户的评价更是意义重大，甚至决定其生死存亡。

提高店铺评价通常有下列几种方式：

1.积累信誉

积累信誉就是积累人气。要对这句话有深刻的理解，无论你销售的是什么产品，提供什么样的服务，信誉是你必须要坚守的，在网络时代，低信誉店铺是没有任何成功机会的，所以要想获得用户的好评，提高店铺的等级，诚实守信是你首先要做到的。

2.低价策略

高信誉的卖家通常采用公司模式运营，有成熟的客服、物流系统、库房仓储等，这些都会计入运营成本中。新入场的卖家，如果这些环节能自己承揽下来，即使是部分承揽，也会降低运营成本，若再能取得与高信誉卖家一样的供货价格，自然会进一步压缩成本。将这些成本让利给消费者，就会实现低价销售。网络销售，低价始终是吸引客户最重要的手段。

3.赠品策略

一个客户每个月可以有6个有效评价。通常大多数客户每次只购买一件商品，也就是只会产生一个信用评价。但是卖家如果通过赠送或者低价搭售一些商品，就会制造多次评价的机会，从而提高信用评价。

4.好服务策略

网络营销，好的服务是至关重要的，所以要尽量提高客服质量，耐心、专业、细致解答客户的疑问，很多时候，如果服务到位，会让客户心甘情愿购买价格和品质不占有优势的商品，而且还会获得客户好评。

第七章
数据化运营

数据化运营是指通过数据化的工具、技术和方法，对运营过程中的各个环节进行合乎市场规则的分析、引导和应用，以降低运营成本，提高运营效果和效率。一句话，数据化运营就是将运营工作逐步数字化、自动化和智能化。

一、数据分析的指标

数据化运营的重要特征是运营的各个环节都需要以数据为基础。作为一种度量方式，数据是客观的，可以真实准确地反映运营状况，比如质量、销量、转化率、利润率等。

可以看出，数据化运营离不开对数据的分析，建立在数据分析基础上的数据化运营才是科学的，才会给商家带来真正有意义的指导。网上营销，销售额是由流量、转化率、客单价决定的，它们的具体关系是：销售额＝流量×转化率×客单价。

数据分析就是围绕流量、转化率、客单价展开的，换一句话说，流量、转化率、客单价是数据分析最重要的指标。

1. 流量

这里的流量指的是店铺页面的访客数。分两种情况，一种是通过一个访客从同一渠道多次进入店铺的，这种情况记为一个。另外一种是一个访客从不同渠道进入店铺，这种情况可记为多个。所有终端访客数为PC端访客数加上无线端访客数去重数。

2. 转化率

这里的转化率指的是支付转化率，就是一定时期内访问店铺的客户转化为支付卖家的比例，用公式表示就是：支付转化率＝支付买家数÷访客数。对这个数据的分析有利于商家调整产品布局、价格以及推广策略等。

3. 客单价

这里的客单价指的是一定时期内每个成交客户平均购买商品的消费金额，计算公式是：客单价=消费总额÷支付买家数。对这个数据的分析有助于商家调整产品价格和推广策略及力度。

除了需要对这三个重要的指标精准分析外，还需要对另外一些指标进行分析，才会让商家能更精准了解营销状况，及时调整布局，采取有效措施。

1. 浏览量

浏览量指用户对店铺页面的访问量或者点击量。访问页面一次被记录一次，对同一页面多次访问，则记为多次。对浏览量的记录，有助于商家了解店铺或页面的人气情况。

此外，还有一个指标叫人均浏览量，是指一定时期内每天人均浏览量的日均值，公式是：人均浏览量=浏览量÷访客数。人均浏览量能更为精准地反映店铺的人气，此数值越高说明店铺产品结构越完善，店铺越吸引人。

2. 平均停留时间

平均停留时间指访客停留在某一页面的平均时长，公式是：平均停留时间=访客总的停留时间÷访客数。平均停留时间以秒计。平均停留时间可反映访客对产品的兴趣程度，停留时间越长表明访客对产品越感兴趣，成交可能性就越大。

3.跳失率

跳失率是指访客进入店铺，只访问了一个页面就离开的访问次数占该页面总访问次数的比例，公式是：跳失率=只浏览一个页面的访问次数÷该页面的总访问次数。访客不管通过何种渠道进入店铺访问页面，到达后没有继续访问其他页面就离开，就记为1次跳失。

跳失率反映店铺对访客的吸引程度，跳失率越高说明店铺对访客的吸引力越低，反之，跳失率越低说明店铺对访客的吸引力越大。

二、数据分析的流程

网络营销的数据分析是网络营销系统有机整合的重要环节，可以让商家发现问题，总结规律，并在此基础上调整策略、解决问题，提升整体运营效率。数据分析的基本流程大致分为数据采集、数据整理、数据分析、数据展现与应用四步。

1.数据收集

数据收集就是采集各项数据的过程，它是数据分析的基础。收集数据的方法五花八门，因行业不同、领域不同，收集的方法也不同。网络营销数据的采集不是很复杂，因为有相关的软件、插件工具帮助采集。方法就是在网站中植入数据采集工具、量子恒道、生意参谋等插件，就可以有针对性地采集相关数据，而且还可以一边采集一边筛选、分析。

2.数据整理

采集完数据后要进行数据整理，就是对采集的各项数据进行归纳整理。它是数据分析前必不可少的阶段。有了各种专业软件的帮助，这项之前繁复的工作变得简单许多。很快各项数据按照要求被整理出来，并以图表的方式直观呈现。投入多少、收入多少、利润比多少、产出比多少，各项数据详细而清晰。

3.数据分析

数据分析就是通过分析手段、方法和技巧对整理好的数据进行探索、分析，从中发现因果关系、内部联系和制约规律。它是营销数据分析中十分重要的一个环节，能够为商家决策提供重要依据。如在对咨询量进行统计和分析的基础上，可以将咨询客户分为普通客户、重点客户、优质客户、边缘客户等，在后续的推广中，可以就不同客户采取不同的营销策略。

数据分析的过程既需要各种软件的帮助，同时更需要工作人员的智慧总结，要熟悉常规数据分析工具的工作原理及使用方法，便于进行专业的统计分析、数据建模等。

4.数据展现与应用

通常，数据分析的结果都是通过图、表的方式来呈现的，俗话说：字不如表，表不如图，所以能用图表展现的就用图表展现，方便决策者查看和分析。常用的图表包括饼图、折线图、柱形图、条形图、散点图等。

数据分析的应用主要体现在为商家决策提供依据。如通过数据发现某件商品流量下滑，这就提醒商家找出下滑的原因，或者对商品标题进行优化，或者改进商品本身存在的不足。

通过对各项数据的分析，商家会精准了解到更多的用户需求，也由此为制订和改善营销方案打下基础，让推广更为精准、更有效果。

三、单品与店铺数据分析与把控

可以说每个商家都想把单品打造成爆款，但这只是一厢情愿的想法，如果运营方案不合适，执行不到位，则很难如愿。要想让运营方案切合实际，数据分析显得尤为重要。数据分析可以发现哪些单品具有打造成爆款的潜力，引流情况如何，哪些关键词转化率高。

掌握了这些关键数据，就清楚了问题的核心，知道应该如何布局，营销重点放到哪里，再针对性地制定出相应的推广策略，成功率自然也就提高了。

1.单品数据分析

单品运营是打造店铺的必修课。它不仅关系到某件商品的销售情况，还影响着店铺在类目当中的销售格局，并影响店铺的崛起。

要想打造好单品，离不开对单品数据的分析。单品数据分析主要分为单品流量数据分析、单品销售数据分析、单品访客特征分析以及单品服务数据分析、竞品数据分析等。

（1）单品流量数据分析

对单品流量的分析，包括对流量来源的分析、对流量去向的分析以及对关键词的分析。对流量来源的分析，要弄清楚产品的流量来源结构，看是免费流量来源多，还是付费流量来源多。如发现个别流量入口的转化率不高，可以适当调整流量结构，转化率高的流量入口继续保持，转化率不高的流量入口要想办法优化。

对流量去向的分析，主要是为了了解商品之间流量互通的情况，这有利于商家及时对产品布局以及价格等进行调整。

对关键词的分析就是检查一下搜索关键词的效果情况。可每天观察关键词的各项数据，这样一段时间后就可以知道哪些关键词效果好，哪些关键词效果不好，这样便于更精准地设置关键词。

（2）单品销售数据分析

对单品销售数据分析，可以有效了解商品的销售情况，以及对商品优化的效果。可通过数据分析工具生意参谋对单品销售各项数据加以关注，分析其趋势变化。在此基础上，调整产品布局，迎合买家需求，进而提高转化率。

（3）单品访客特征分析

就是对访客的消费习惯、消费偏好等进行分析，以此来把握消费者的真正需求，进而对潜在客户进行更为精准的推广、投放，以换来更高的成交量。如通过生意参谋发现一个地区支付转化率高，而另一个地区虽然访客数量多，但是支付转化率却很低，这样就可以调整引流策略，给转化率高的地区以更多的流量支持。再或者发现老顾客购买转化率远高于新客户，就可以进行针对老顾客的营销活动，以取得更大的转化率。

（4）单品转化数据分析

商品转化率与店铺装修、商品性能、品质、价格、属性以及关键词设置、推广策略等都有一定的关系，对这些数据进行分析，找出影响转化率的因素，继而优化它们，以此提高转化率。

（5）单品服务数据分析

天猫单品服务数据通常包括描述相符、退款率、品质退款率、纠纷退款率等，对这些数据进行分析可以帮助商家更了解客户对商品的满意度，促进商家更好地完善店铺服务以及做好商品品质监控。

（6）竞品数据分析

竞品就是竞争产品，就是竞争对手的产品。对竞品数据进行分析，可以找出竞品之间的差距，根据反馈出来的问题，制定有针对性的营销策略，以求精准而有效地弥补差距，提升转化率。

2.店铺数据分析

对店铺数据分析的作用在于可以很好地评估店铺各部门工作的效果，及时发现运营过程中存在的问题，及时采取有针对性的策略，从而有效解决问题。实际上，单品数据分析也是店铺数据分析的重要组成部分。下面仅从店铺流量数据分析和店铺交易数据分析两方面介绍店铺数据分析。

（1）店铺流量数据分析

通过查看每日店铺流量的数据变化，可以获知店铺访客数以及构成情况，在此基础上优化产品搜索以及店铺引流渠道，以提高店铺档次，获取更多流量。

如对流量来源分析发现在付费流量剧增的情况下，转化率却没有相应增加很多，这就说明引入的流量对产品不是很感兴趣，这就需要重新对付费流量入口进行分析，找出原因，提高流量匹配度。

（2）店铺交易数据分析

对店铺交易数据分析，主要包括对支付转化率、客单价、支付买家金额等的分析。通过对以上数据的分析会发现店铺引流、转化、产品结构等方面存在的问题，进而为正确解决问题、弥补不足指明方向。

每天可通过生意参谋工具查看店铺实时数据，对关键数据要及时进行抓取，分析其根源和变化，再针对性进行专项优化。

四、数据分析工具

数据分析是运营的一项关键性技术，商家运营人员要通过数据分析来调整产品结构、店铺布局，以及推广价格和运营策略。那么运营人员是如何进行数据分析的呢？换一句话说是借助什么工具来进行数据分析的呢？

运营人员是通过数据分析工具来实现对店铺各项数据分析的。天猫最常见也最重要的数据分析工具是生意参谋和体检中心。其中生意参谋能够给商家提供数据披露、数据诊断、数据优化、数据预测等服务，下面以生意参谋为例讲解数据分析工具的功效和使用。

生意参谋诞生于2011年，最初是应用在阿里巴巴B2B市场的数据工具。2013年10月，生意参谋正式走进淘宝平台，后来又整合了量子恒道、数据魔方，最终升级成为阿里巴巴商家端统一数据产品平台，集数据作战室、市场行情、装修分析、来源分析、竞争情报等数据产品于一体，是商家最为倚重的数据分析工具。

生意参谋可以帮助商家解决两大难题，一是看不懂数据的难题。关于产品、店铺的数据很多、很杂，而且标准不统一，数据前后之间存在不一致性，这就提高了看懂数据的门槛。二是各项数据庞杂，难以集中的难题。这是因为商家关注的数据来源于多个渠道，往往不能集中统一展现。生意参谋的出现很好地解决了这两个难题。

生意参谋的首页可以全面展示店铺经营各环节的关键数据，商家可以借此快速了解自家店铺的经营状况。还可以根据不同要求选择展现相应的数据内容。实时/作战室页面，可以查看店铺实时数据，帮助商家及时了解店铺的实时动态，做到先人一步，抢占先机。

生意参谋的流量、商品、交易、服务、物流、营销、财务等页面，可以提供相应的详细数据，帮助商家更全面、更详细了解店铺经营的情况，并根据变化趋势，及时做出应对。

市场行情页面可以为商家提供行业概况、大盘分析、产品分析、购买人群等数据服务，帮助商家深度分析消费者的情况，进行优质客户定位，还可以通过查看行业热词榜和关键词热搜榜，获知那些热销单品的核心数据及高流量关键词。

竞争情报可以为商家提供竞争对手的情况，帮助商家精准定位竞争群体，分析竞争差距，提供合理化建议，增强商家的竞争优势。

取数服务可以给商家提供不同时段、不同维度的实时数据，让商家快速、顺利查询、读取相应数据，及时做出科学化营销方案。

学会利用数据分析工具是进行数据分析的必要前提，作为运营人员一定要熟悉数据分析工具的功效，并能熟练应用。虽然数据分析工具可能随时发生变化，包括功能板块和使用方式的变化，但其核心内容多大同小异，因此并不会对数据分析产生大的影响。

第八章
优化客服管理

在网络营销中,客服的作用举足轻重,因为用户既看不到商品实物,也无法切实了解产品的各种实际情况,只能通过与客服人员的沟通了解产品,因此客服人员的服务一定程度上决定了客户是否下单。

一、售前客服的要求和管理

事实多次证明,优质客服会给公司带来更多的老客户,有助于提升公司形象,因此优化客服的管理是十分有必要的。可以笼统地将客服分为售前客服和售后客服。

售前客服起着引导客户消费的作用,因此要努力做到下面这些要点。

1.良好的专业性和服务态度

专业性和服务态度是客服人员最基本的职业素养,良好的专业性和服务态度会给消费者带来良好的购物体验,会提高消费者对店铺的印象,为二次销售打下良好基础;反之,较差的服务态度会拉低消费者对店铺的印象分,影响店铺流量转化率。

因此,售前客服人员要熟悉商品知识和卖点,熟悉商品交易流程及交易规则,熟练掌握沟通技能和技巧,对消费者的疑虑,响应速度要及时有效,要能快速打消消费者的疑虑。还要有耐心。有些客户喜欢问一些比较具体、比较刁钻的问题,对此要耐心解答,不能急躁。

2.及时准确传递信息

售前客服人员要具备敏锐的感知力和洞察力,在与客户的沟通中,认真倾听客户的"声音",了解清楚客户的真正需求,主动准确地把商品信息传递给客户,使其对商品有个全面的认识。

3. 细心挖掘客户需求

有时，客户对自己的需求不是很清楚，面临买这个还是买那个，或者买还是不买的选择。此时，客服要多与客户沟通，善于提问，细心挖掘客户的需求，从客户需求出发推荐相应产品，引导客户消费。

4. 核实订单情况

当客户拍下商品后，要仔细跟客户核对快递地址、收件人等信息，另外，对客户的特殊要求进行备注，避免发生错发、漏发等情况。对虽然拍下来但没有付款的订单要及时跟进，了解情况，解决问题，尽可能促进成交。

5. 与客户礼貌道别

无论客户拍下商品还是没拍商品，沟通结束都要热情礼貌地与客户道别，表现出专业素质来。这有助于提高公司的良好形象。

6. 保持长时间在线

在大多数访客看来，旺旺经常在线的商家才是诚信、靠谱的商家，所以，他们多选择联系旺旺长时间在线的商家。若旺旺不在线，无法及时沟通，疑问得不到有效答复，交易也多半做不成。所以，要保证旺旺长时间在线，节假日时期，更要安排好值班。

二、售后服务的要求和管理

与售前服务一样，售后服务也是交易过程中非常重要的一个环节。好的售后服务会让客户有良好的购物体验，紧密与客户的关系，为二次消费打下良好基础。

对售后服务的要求和管理如下：

1. 跟踪包裹到达情况

大多数消费者在拍下商品后，都十分关注宝贝发货快递情况。因此，对包裹进程的询问成为消费者最多的问题之一。对消费者的询问，客服人员要及时反馈。如发货或者物流异常，要及时耐心跟客户解释说明，争取客户的理解，避免差评。

2. 善于处理退换货

线上销售，退换货是经常的事，对此客服要有正确的认知。当有退换货时，要及时问清原因，勇于承担责任，尽快帮助客户解决问题，让客户获得良好的体验，为二次销售打下良好基础。对客户原因造成不能退换货的，也要耐心跟客户说明原因，争取对方的理解。

3. 理性对待客户投诉

网络营销中，投诉也是常有的事，有些时候是自己一方的原因，有些时候是对方的原因。无论是哪一方面的原因，都要做到礼貌解答，不要把个人情绪带到工作中。客户投诉时，要耐心倾听，了解客户诉求，力求圆满解决客户问题，不能解决的问题要及时向领导汇报。

4. 引导客户消费

在网络营销中，客户评价的影响非常大。相关统计，有4/5

以上的消费者准备购买商品时，会查看购物评价，如果看到负面评价就会动摇购买的决心。如果好评一片，就会坚定购买信心。与客户沟通时，要有意识引导其做出具体、有价值的评价，必要时，可以适当给予消费者一定奖励，以提高参与热度。

5.及时回复评价

实时关注客户评价，争取客户的认可。对消费者的评价，无论是好评价，还是差评价，都要及时回复。对好评的回复体现了商家和消费者的良性互动。对差评的回复则体现了商家的重视和对消费者的尊重，有可能让消费者改变不良印象，甚至追加好评。

6.建立客户档案

为了更好地服务顾客，售后人员要详细记录客户的信息，如购物习惯、购物偏好，对什么很在意、对什么不可容忍等，记录得越详细越有助于和客户的沟通以及对工作的总结。

良好的售后服务会促进二次销售，所以销售大师乔·吉拉德说："真正的营销始于售后。"无论是线下实体店，还是线上网络店，售后服务都起着至关重要的作用。在售后服务中，客服人员不但要帮助消费者解决麻烦，还要有意识引导新一轮销售。

客服工作是一项辛苦、细致的活动，每天都会有新的客户问题和新的客户需求，无论是售前还是售后服务，都要学会归纳总结，建立客户档案，或者整理成客服笔记，以备随时应用，提高客服效率，提升客服品质。

第九章

打造口碑,创立品牌

▼

品牌是一个企业与其他企业商品相区分的名称、象征、记号,它是给拥有者带来溢价、产生增值的无形资产。大多数知名品牌,都是经过时间的累积,受到用户的认可,或是投入巨大的广告累积起来的。在网络营销占销售主流的情况下,品牌对拥有者具有更为重大的价值和意义。

一、品牌的现实意义

品牌是一个符号，也是一种认知，是消费者对某一企业出产的商品的正面认知。对商家来说，品牌是一种可以溢价、可以增值的无形资产，是一种允许放大无数倍的财富。

品牌通常是经过长时间的累积，其功能、品质受到多数消费者的认可而最终建立起来的。在现代，这个进程被大大缩短，商家投入巨额资金大做广告，最终可以打造出品牌。

在网络时代，品牌效应依旧是影响销量的重要因素。其作用、影响之大，甚至能够决定一个企业的生死存亡。它的意义源于下面几点：

1.区别同款

由于网络是一个几乎没有疆界的平台，消费者可以货比三家。在市场同类产品众多的情况下，如何能够迅速做出选择呢？那就需要品牌的引导。也就是说品牌起到了对自家产品进行有效标识的作用。

2.提高商品溢价

先解释一下溢价，溢价是一个证券市场术语，可以理解为所支付的实际金额超过证券或股票的名目价值或面值，说得通俗些，就是实际支付的金额超过了物品的实际价值。

品牌具有很高的溢价性，这是品牌的魅力所在，也是众多企业千方百计创立品牌的原因所在。所以不难想象，如果拥有一个良好的品牌，自然就会在竞争中占有优势，一是优先被消费者选中，二是利润空间要比其他同类产品大。

3.避免陷入恶性竞争

在网络这个几乎没有疆界的平台，消费者往往会货比三家，在品质差不多的情况下，会优先购买价格便宜的商品。这是很正常的现象。不过如果你有一个良好的品牌形象，则会有效避免让自己陷入价格恶性竞争的泥潭。

4.长期发展的需要

在网络时代，企业如果想依靠网络获得发展，就必须做广告推广，如果网络推广以品牌推广为核心则无疑会具有更大的价值：一是品牌推广可以让企业获得较为长期的关注，促进二次销售；二是可以有效提高企业的形象，提高业内知名度；三是有利于企业的继承发展，给消费者一脉相承的感觉。

以"天猫"为例，在"天猫"没有出现之前，淘宝商家品牌的优势还没能很好地展现出来，当"天猫"在淘宝的基础上横空出世后，一个品牌时代随之来临，现在的天猫店，就是品牌店铺的市场，这种品牌化、正规化运作必然终结杂牌卖家的生存之路，将来的市场也必然是品牌的市场。

二、如何打造网络品牌

众多商家都非常清楚品牌的力量，所以都不惜重金、不遗余力打造品牌。与传统品牌打造有所不同，传统品牌的打造常常需要长年累月苦心经营和投入广告，逐渐在消费者心中树立起品牌形象。但进入网络营销时代，打造品牌的方式有了很大的改变，其中既有和传统方式类似的地方，也有其不同之处。

现在就让我们看看网络品牌如何打造和推广才能深获网民的"心"。

1.要有一个成熟的方案

打造品牌一定要有一个相对成熟的方案，深思熟虑之后方再施行。没有考虑清楚就贸然操作，一旦推入市场后如果再想更改，就会很麻烦，也会造成经济损失，所以事先一定要有一个成熟的品牌打造方案。

2.要符合产品市场定位

品牌创立一定要符合产品的市场定位。要从产品的名称、功能、品质、材料、外形、成本、文化理念等多方面综合考虑，努力打造精品。

3.名称要简洁有内涵

品牌的名称很重要，一个简洁、有内涵的名字利于消费者记忆和传递。

4.LOGO设计要独特

品牌需要有一个LOGO。LOGO是品牌文化的重要标识，是网络推广必不可少的要素。一个好的LOGO要具备几个特征：一是要有识别性。就是要容易识别和记忆。这就要求LOGO设计不要复杂，要简单化。二是特异性。就是要与众不同，有自己的特征。三是要有内涵。LOGO一定要有内涵，否则就算做得再漂亮，也只是形式上的。四是要具有美感。

需要注意的是，在设计品牌时，注意不要侵权。由于几乎所有商家对自家的品牌都看得很重，所以一旦受到"侵犯"，往往赔偿的数额也是很大的，而且从长远来看，利用消费者视觉误差赢得业绩的行为是不会长久的，会因此毁掉自身形象的，最终搬起石头砸自己的脚，得不偿失。所以设计品牌时，要多创新，避免雷同。

5.注册商标和域名

商标和域名一旦做好，要及时注册，因为商标和域名具有独占性，一旦被别人抢注了，你就不能再注册了。域名注册很简单，域名服务商就可以提供查询服务。商标和域名一旦被抢注了，就只能换域名注册，或者向原域名所有者购买。商标可以找代理机构帮忙注册。

6.战略性和战术性推广

品牌创设出来后，就进入推广阶段了。品牌关系企业的生存发展，所以推广一定要站在一定高度，周密部署，战略性和战术性结合进行。战略性推广，通常要兼顾下面几项：

（1）受众群体

要考虑产品能够覆盖多大的受众群体。受众群体不同，推广的媒介和方法就要有所不同。要综合考虑受众群体的情况，包括受教育程度、社会地位、消费层级、消费习惯、消费心理以及年龄、性别等。

（2）推广的成本

推广的成本主要是人力成本和广告费用。不同的推广方式，成本也往往不同。一般情况下，人力成本相对较低，而广告费用则由于竞争激烈和无限复制性，要高出许多。要计算清楚各种成本，这对于推广是否能持续进行有直接的意义。

（3）推广的时间

品牌推广是一个长期的过程，需要不断地重复，不断地刺激受众的大脑，才能让其在大脑中建立"如影随形"的印象。正因为如此，在推广之前，一定要计算清楚投入费用，结合企业经营情况和实力做好定位，避免出现"中途退场"的情况。

与战略性推广从面上着眼不同，战术性推广，主要着眼于推广的方式和方法上。电子邮件、搜索引擎、广告联盟、微博、移动营销等都是切实可行的，既可以专注于一项，亦可多管齐下，可据具体情况而定。

由于品牌推广是一个长期累积的过程，所以初期推广可能效果不明显，对此要有一个正确的态度和认识，要做好长期推广的准备，保证各项费用充足。

第十章

方兴未艾的移动营销

随着智能终端和移动互联网的飞速发展，移动营销的优势越来越明显，用户移动购物的习惯逐渐养成，在未来的市场营销模式中，移动营销模式必将大放异彩。

一、传统手机营销和手机网络营销

就目前来看,移动营销所指的就是手机营销。随着互联网技术以及手机软件的日趋成熟,手机几乎已能实现电脑所具备的所有功能,再加上手机的便捷性和低价性,手机营销开始走上了历史舞台,并逐渐成为新的销售时尚,受到消费者,特别是年轻消费者的欢迎和追捧。

手机营销经过了一个由低端到高端的发展历程,实际上,自有了手机以来,手机营销也就随之产生,那些骚扰电话和垃圾短信,就是一种手机营销。在手机系统不断升级换代以及支付系统的网络化后,如今几乎所有的互联网公司都开发出了自己的手机APP应用,京东、淘宝、拼多多、网络金融等互联网服务都实现了网络化,手机营销迎来了辉煌时代。

手机营销有无线性、便携性和免费性的特点。无线性表现在手机不用借助固定网络或者Wi-Fi来上网,可以随时随地处于网络连接状态(除极偏远地区和其他特殊地区外),即可以无线上网,这样就大大拓展了广告的传播空间和时间。

手机营销的便携性很好理解,手机随身携带,且随时随地可以与客户联系,让推广、沟通、交易变得更加灵活、方便。

手机营销的免费性是相对而言的,因为每个月需要支付一定的流量费。流量费用通常不是很高,绝大多数人都是可以消费得起的。

广义的手机营销包括两种,一种是传统手机营销,另一种是手机网络营销。传统手机营销包括手机拜访、短信营销、彩信营销等。手机网络营销包括移动搜索推广、微信营销、手机微博营销等方式。

手机拜访是手机营销最早的方式之一,就是在获知客户的相关信息后,打电话给对方推销产品和服务。可分为售前拜访和售中拜访。售前拜访就是打电话咨询客户是否需要某种产品和服务。售中拜访就是打电话了解客户使用产品或者服务的效果,并提供进一步的服务等。

由于欺骗之事屡屡发生,再加上某些从业人员素质较低等原因,致使很多人对手机拜访有抵触。因此,一定要特别注意选择合适的时间和合适的潜在客户进行手机拜访。

手机拜访的优点之一是若客户是意向客户,则可以与客户进行充分的沟通,能够真实准确了解对方的需求,提高交易的成功率。另外,售中拜访可以加强与客户的联系,提高客户的忠诚度,有利于二次销售。

短信营销就是通过手机的群发功能,将产品和服务的信息发送给潜在客户。相对于手机拜访而言,短信营销优势在于可以通过文字详细说明产品和服务的情况,让客户有较为清楚的了解。另外,短信营销信息可以长期保存在客户手机中,客户想起来的时候可以随时查看,时效性比较长。

彩信营销与短信营销类似,是短信营销的升级版,它除了具有短信营销所具备的特点外,还可以配发彩色图片、声音、动画等多媒体内容,图文并茂,比短信更好看。

需要说明的一点是，虽然现在手机网络营销如火如荼，炙手可热，但是传统手机营销也没有完全消失，在某些领域依然还很活跃。

手机网络营销可以分为WAP站点营销、手机淘宝站营销、APP应用营销。

WAP为Wireless Application Protocol的缩写，无线应用协议的意思，一种实现手机与互联网结合的应用协议标准，能够将Internet的信息及业务引入手机等无线终端中。

WAP站点营销需要搭建一个WAP手机网站，网络上有很多搭建WAP手机网站的建站程序，可以下载一个独立搭建，也可以请人搭建。搭建好站点后，就要努力做好内容。内容是WAP最大的优势，所以一定要做好，才能吸引用户访问。

手机淘宝站就是在手机上开设了一个淘宝店铺。实际上，当在淘宝上开设了一个店铺后，就已经自动建立了自己的淘宝手机站。它分为两种模式，一种是浏览器模式，另一种是手机淘宝模式。浏览器模式就是客户通过浏览器浏览你的店铺。手机淘宝模式就是客户通过手机淘宝客户端访问你的店铺。浏览器模式属于早期手机店铺模式，随着移动网络技术和移动支付的发展与完善，淘宝应用模式逐渐后来居上。手机淘宝模式的最大优势在于可以迅速搜索、下单并支付，这符合快节奏的时代节拍。

APP应用营销是现在手机营销的主要形式。APP是英文Application的简称，中文意思是应用软件。APP营销，也就是应用软件营销，简单说就是通过手机、社区、SNS等平台上运行的应用程序来进行的营销活动。

APP最早由苹果公司提出。苹果手机发明出来后，苹果公司推出了APP应用商店，第三方APP开发商通过开发程序，将各种APP放到应用商店里面，供用户下载，并进而获取销售分成。

二、手机APP应用营销

手机APP推广有两种形式，一种是自身推广，另一种是特殊APP推广。自身推广就是推自己的APP，让客户下载并使用。特殊APP推广就是借助第三方APP推销产品，手机微信推广、手机微博推广均属于此类。

APP应用营销有以下几大特点：

1.运营成本低

APP营销的费用投入相对于电视、报纸，甚至是网络营销都要低很多，只要开发一个适合于本品牌的应用软件，另外再投入不多的推广费用就可以了。

2.效果明显

虽然APP营销投入不高，但是其营销效果却是电视、报纸和网络所不能代替的。

3.持续性强

一旦用户将APP下载到手机成为客户端，持续性则有了极大可能性。

4.利于树立品牌

从某种程度上说，APP可以作为一个企业的代表符号，这样就便于提高企业的形象，树立企业品牌，提升竞争优势。

5.精准营销

APP营销模式加强了企业和客户的互动沟通，可以不断满足客户个性需求，为建立稳定的顾客群打下良好基础。

6.竞争力强

有了上述的几大优势，APP营销的竞争力自然大增，这也是APP营销后来居上的重要原因之一。

目前国内各大电商几乎都拥有了自己的APP客户端，这就在一定程度上说明了APP客户端的商业使用已经初露锋芒。

APP营销模式有许多种，有广告模式、用户模式、内容营销、平台推广、邮件营销、微博营销、免费发送应用等。

广告模式充分体现在众多的功能性应用和游戏应用中，常见的方式是商家通过植入动态广告栏链接进行广告植入。当用户点击广告栏就会进入指定的界面或链接，进而可以了解具体情况或者是参与活动。这种营销方式操作起来比较简单，只要将广告投放到那些热门的、与自己产品目标群体相关的应用上就可以起到良好的传播效果。

网站移植类和品牌应用类是APP营销用户模式的主要应用类型，就是商家把自己定位好的应用发布到应用商店内，供用户下载。这种模式可以让用户很直观地了解关于商家以及产品的信息，增强对产品的信心，有助于提升品牌形象和美誉度。

内容营销就是通过优质的内容，吸引到精准的客户和潜在客户。进而达到营销的目的。

平台推广就是将自己的APP提交到互联网开放平台享受对方的用户资源。国内这样的开放平台有很多，比如腾讯开放平台、360开放平台、百度开放平台等。

如果你的APP的受众为大众用户，那就可以通过发送邮件或者短信的方式推荐使用。为了加强精准度，可以筛选一番，然后再邀请意愿客户下载使用。

微博营销就是通过微博进行营销。要选择那些影响力大的微博来进行推广，这样就可以和海量用户沟通互动，效果好的话，会让你的APP迅速得到推广。

免费发送应用就是在划定的某个时间段内进行免费促销，将应用无偿提供给网站访问者下载使用，成本可通过在线广告收回。事实证明，这是一种极为有效的吸睛手段。

与营销模式对应，APP营销赚钱方式有：插播广报，导向收费，直接消费，收费下载。插播广报是APP最早的营销方式，就是通过将移动联盟的广告移植到应用里而赚取收益。由于方式比较生硬直接，让用户一定程度上心里不舒服，因此点击率很低。

导向收费就是通过APP引导客户访问网站，进而达成交易赚取收益。一般有两种方式，一种是网上宣传线下成交，另一种是引导客户直接消费。第一种方式又有两种形式，一种是引导客户成功访问网站，然后有意向的客户通过电话、微信、短信等方式联系，进行交易前的磋商，最后达成交易；还有一种方式是通过应用下载优惠券或者二维码，然后去线下消费。

直接消费是依附于移动支付的一种赚取收益的方式。它与导向收费中的引导客户直接消费稍微有些不同。举例说明一下，如果在外地想找一家宾馆住宿，可以通过一些宾馆的订购服务应用找到满足条件的宾馆，这就是导向商家直接付费方式。

在玩网络游戏时，玩家想要换装备或者升级，需要付费来实现，这种让商家获益的方式就是直接消费方式。

收费下载的方式很好理解，就是通过下载一些付费的应用APP而获取收益的方式。

手机APP的推广分为两种，一种是自身APP推广，另一种是借助他家APP进行推广。自身APP推广就是将自己的APP推广给用户使用。

推广方式多种多样，如在手机应用市场，也叫手机应用超市展示推荐；在QQ群、微信圈推广应用，还可以将APP应用发布在自己的网站上，推荐、引导客户下载使用，或是通过工作人员的推销，让客户下载应用。

通常这种下载应用是不需要付费的，价格为零。但是在一些较大的软件平台推广则需要付费，而且有的价格不菲。因为这些大的软件平台有很大的访问流量，你想利用人家的流量入口推广你的宝贝，费用自然是免不了的。

手机APP推广可分为自身APP推广和特殊APP推广两种。自身APP推广就是将自己的APP推广出去，也就是向客户推荐下载并使用自己的APP，可以借助手机搜索和网盟推广，还可以放在应用市场供客户下载使用，也可以购买流量入口推广等。

特殊APP推广，就是借助一些APP平台进行商业推广。有很多这样的APP平台可以利用，比如手机微信、手机微博、淘伴等都是很不错的APP推广平台。卖家通过这些应用平台发布自己的产品和服务信息，通常都会获得可观的流量。

随着时代的发展，技术的更新换代，以及用户心理、习惯的改变，APP营销模式也悄然发生了变化，呈现出新的特征，但无论怎么改变，都应该向着更利于人们使用的方向转变，好上更好才是追求的永恒目标。

三、微信精准营销

微信营销是网络营销中较新的模式。在成功注册微信后，即可与有微信的"朋友"建立一种联系。卖家通过"朋友圈"或者微信公众平台向微信好友推广自己的产品，实现点对点的营销。微信营销虽然发展的时间并不长，但是却发展极为迅速，大有后来居上的态势。

微信拥有极为庞大的用户群，凭借移动终端、方便快捷和位置定位等优势，每个微信个体都有机会接收信息，这就为点对点精准化营销打下了极为重要的基础。

要想让微信营销取得好的效果，实现精准营销，需要从多个方面、多个环节入手，其中客户精准和展示到位是非常重要的两个方面。

1. 精准客户

微信营销的一个重要环节是找到精准用户并加上对方,试想一下,如果你的微信群里有几千名精准客户,那么何愁你的产品卖不出去!

下面是几种加上精准客户的方法,可以酌情采用。

(1)从老客户中寻找

这种方式很简单,就是将老客户资源导入微信中即可。而新客户资源,可以通过搜索引擎找寻,如搜索"××行业通信录",就可找到一些用户资源。当然对这些客户资源,还要进一步筛选,最终留下相对精准的客户。另外,一些电商平台有客户资源出售,可以根据自身的实际情况购买。

(2)从QQ群导入

从QQ群向微信引流注意一定要挑选那些与推销产品密切度高的用户,如果不精准,眉毛胡子一把抓,不但起不到应有的效果,而且还会引起对方的不满,进而影响之前建立起来的良好印象。

(3)扫描二维码入群

通过多种渠道、多种方式,引导、推荐用户扫描二维码入群。这种方式的效果往往取决于所采取的渠道,如果扫描前相关情况对方已有所了解,那么入群的精准客户会比较多,反之,"水分"会比较大。在引导QQ客户扫描自己的二维码时,记得一定要适度,不可无止境,避免引起对方的反感。

(4)通过活动圈粉

在微信里可以定期做一些有价值的促销活动,吸引用户参加,以密切和用户的关系,增加黏合度。活动的主题一定要明确,这样才能吸引对此感兴趣的用户参加。对商家来说,参与活动的用户多半是精准用户,这样的活动有助于后续的营销活动。

当然,加精准客户的方式不止上述几种,还有别的方式,如亲戚、朋友、老客户的推荐加入等。情况不同,方式可作灵活变通。无论哪一种邀约加入方式,都要保证提供的产品和服务的质量,这才是重要前提。

2.展示到位

微信最重要的产品展示窗口是"朋友圈",打造好"朋友圈"对培养精准客户有巨大意义。要想取得"圈内"好友的信任,就要努力将产品展示到位,可参考下面几项进行:

(1)对图片进行美化处理

精美的图片无疑是有助于产品宣传的,所以展示上传之前要使用软件对图片进行美化处理,让图片完美展现产品的价值和质感。

(2)精简发送内容

多数人浏览"朋友圈"多是利用碎片化时间,对文字过多的内容有一种抵触心理,所以要精简发送内容。内容一定要做到主题鲜明,言简意赅,准确达意。

(3)有选择发送

在发送信息时,不要不顾实际情况乱发一气,而要有选择地发送。要发送给那些与产品或者服务关系相对密切的人,正所谓有需要才有交易。乱发、滥发只会招来反感。

（4）发送时间合适

发送信息的时间也很讲究，有的说发送时间选择在早上8点左右，因为这个时候大家刚起床，都想刷刷"朋友圈"；有的说发送时间定在中午合适，因为这个时候大家在吃午饭，有时间看；还有的说应该在晚饭后发送，因为这个时候大家通常都很闲。各有各的道理，可先尝试与圈内好友互动一段时间后，再根据数据活跃度选择最佳发送时间。

现在很火爆的一种营销模式——微店营销，实际上也是微信营销模式中的一种，它的特点是资金成本低；无须寻找货源；无须库存；不用处理物流和售后，需要的就是你的推广。

对于上线商家来说，这种模式减轻了他们的推广负担，却增强了他们推广的力度，可以把时间和精力更好地用于产品研发。对加入者来说，投入低，省时省力，很适合兼职。已经有不少大学生、白领、普通上班族成为其中一员，且尝到了甜头。总之，在众多的网络营销模式中，微信营销越来越表现出独特的优势，发展前景非常广阔。

四、微信公众号营销

除了"朋友圈"外，微信公众号也是重要的营销平台，它是商家在微信公众平台上申请的应用账号。通过公众号，商家可在微信平台上实现和用户的文字、图片、语音、视频的全方位沟通、互动，形成一种线上线下微信互动的营销方式，即为公众号营销。

公众号营销要做好内容规划、外部推广以及粉丝积累,这三者是微信公众号营销的重中之重,只有协调发力,才会为平台吸引到更多、更忠诚的粉丝。另外,公众号运营最好要与其他的社交产品一起使用,营销效果才会更好。

1. 内容规划

公众号的内容规划非常重要,它是流量来源的重要保证。在公众号里,内容有原创内容和非原创内容之分。原创内容要想精湛,离不可策划人员对市场和受众心理的把控,还要有出色的写手配合,相对来说比较难,由此,很多中小型企业公众号上的文章多是非原创内容,就是到各种平台上转载文章发表。转载选择的平台较多,比如新浪博客、网易博客、百度百科、百度文库、豆瓣、今日头条等,都是很好的内容来源平台。

在时间方面,通常这个月的发送内容在前一个月就要规划好,以保证每天都能有内容发送,同时也利于增加用户对公众号的了解。推送的内容不应限于文字,语音、视频都可以推送,而且最好结合起来推送,这样利于给用户留下深刻印象。

推送的内容在质不在量,要多考虑用户的需求和感受,多站在用户的角度去策划。虽然营销的目的是向用户推荐产品,但是也要注意广告不要发得过于直接,同时要懂得适可而止,发送的广告过多、过频,会让用户产生反感,甚至会取消关注,这样营销就失败了。

2. 外部推广

一般来说,使用哪些外部推广,用户就在哪里。若从网站引流到公众平台，那么用户就属于网站流量。除了微信平台本身所做的推广外，有很多宣传公众号的平台，比如可利用百度贴吧、百度知道发文章进行宣传。微博的用户很多，可以在微博平台申请多个"马甲"，然后到目标客户多的地方进行宣传。此外，还可以在以微信导航为主的网站上宣传。

除了线上宣传推广外，还可以在线下做宣传推广，比如可以参加一些行业性质的会议展览，在展会或者会议上与目标客户多多交流，宣传推荐自家的公众号使用。亲朋好友的宣传推广也要好好利用，有些时候这种推广方式很有成效。

不同的宣传推广渠道，目标客户的来源就不同。要加强对各类目标客户资料的分析与整理，以便在后续的营销工作中更好地利用。

要想让微信公众号获得更大、更快的发展，需要加入或者自建联盟。目前国内微信联盟有两类，一类叫综合性联盟，一类叫行业性联盟。综合性联盟包括微媒体联盟、WeMedia自媒体联盟、牛微联盟等。行业性联盟包括犀牛财经联盟、亲子生活自媒体联盟、汽车行业自媒体联盟、地产自媒体联盟等。这些联盟都具有一定规模和影响力，要想加入其中，需要你的微信公众号有一定的规模和粉丝量，或者需要支付一定的费用。

对尚未发展起来的微信公众号，从成本方面考虑，可暂时不用加入这些大联盟，加入一些小的联盟即可，当逐渐发展起来后，再加入大联盟也不迟。

自建联盟也是一种不错的选择，适合资源不多的公众号选用，优点是可控性强，后期爆发力更强，而且还不需要付费。方法是将周边同行业运营公众号的合作伙伴聚集起来，建立一个微信小联盟，互利互惠。自建联盟前期需要解决的问题较多，效果不会有多好的显现，待积累了一些资源后，引流的速度会有明显的增加，所以信心和坚持很重要。

3.粉丝积累

粉丝对公众号的意义不用多说，没有粉丝的公众号无疑是失败的。要完成粉丝积累往往需要一个过程，可粗略地分为种子用户期、用户初始期、用户增长期。这三个阶段循序渐进，具有不同的特点。

（1）种子用户期

不难理解"种子用户"的含义，即指那些能够"发芽"且具有重要影响力的用户。他们是从那些初步推广中获得的初始用户中筛选出来的，具有一定的忠诚度，对其质量要求高于对数量的要求。要经常和"种子用户"保持互动，鼓励他们给公众号提供意见和建议，帮你在各种平台转发消息，推广公众号。

优质的"种子用户"很难找寻，那些愿意分享、愿意跟你互动、愿意转发你的信息的用户才是你的最佳选择。

（2）用户初始期

"种子用户"期过去后，就进入了用户初始期。由于在"种子用户"期，经过各种"圈"的转发、微信群分享、QQ群传播等，这个时期已经积累了一些粉丝，但还远远不够，要继续通过各种渠道"圈粉"。

（3）用户增长期

用户初始期发展到一定阶段，就进入了用户增长期。这个时期是用户增加较快的时期，推广的力度要大，营销活动要多元化，最好周期性做活动，可以考虑和"大号"合作，互推互利。根据发展的情况，选择加入和自身行业相关的微信联盟，逐渐形成"圈子"，扩大自身影响力。

五、二维码营销

二维码，又称二维条码，是一种特殊的编码方式，具有条码技术的一些共性：每种码制有其特定的字符集；每个字符占有一定的宽度；具有一定的校验功能等，能够在横向和纵向两个方位同时表达包括文字、数字、图片等大量丰富的信息。

二维码营销是网络营销的全新阵地。对商家而言，二维码是个极好的引流入口，客观上扩大了商家的营销面，可以通过扫描二维码将线上的用户引流给线下的商家；线下通过引导用户扫描二维码，向线上引流，实现线上线下互动的好局面。

智能手机技术的成熟和飞速发展，让移动互联网营销变得更加"深入人心"，移动营销慢慢取代了PC网络营销，这从客观上推动了二维码应用的快速发展，很多企业利用二维码宣传和推广自己的品牌，如支付宝、京东商城、脉脉等商家都在不遗余力发展二维码应用。留心观察，你就会发现，我们身边出现了越来越多的二维码宣传广告。

实际上，二维码确实带来了极大的方便。只要用户有需求，拿出手机"扫一扫",就可以顺利访问企业网站,沟通、交易非常方便。这种方式让企业告别发传单、发海报的时代,随时随地可以宣传产品促销信息。

二维码不仅能起到宣传品牌的作用,还能起到准确引流的作用,即可以把用户精准引流到移动平台上。京东商城、苏宁易购、国美电器在这方面的活跃度比较高,宣传力度比较大,引流明显,客观上有效地扩大了企业的营销面。

让二维码成为企业营销的"助推器"是需要花费一些心思的,毕竟并不是你把二维码放在那里,人家就会主动扫描的。现在二维码满大街都是,如何能引导用户扫描并使用,需要从两方面入手,首先二维码的外观设计要用心。为了营销效应,可以把企业的LOGO或者名称镶嵌到二维码里,让用户一目了然。注意要将LOGO或者名称放在二维码中间,且不要过大,以免影响扫描效果。

其次要从内涵方面入手。在竞争激烈的市场环境下,商家一定要做好二维码的"内涵",吸引用户主动下载扫描。很多用户看重的是实惠,所以送优惠活动是必不可少的。我们在出行的时候,经常会发现车座的座位后面贴有企业的二维码,其中送优惠的活动是最常见的形式。如果想要享受到这种优惠,则需要扫描二维码下载官方APP。事实证明,这种方式很受用户的欢迎。

除了这种方式(扫描二维码下载官方APP)外,也可以通过二维码直接设置优惠,让用户更加一目了然其"好处",制造更好的吸睛效果,例如写上"扫码返现5元""扫码即可成为终身会员"等。那些虽然制作了自己的二维码,却没有开发自己的APP

的企业就采用了这种方式，效果非常好。

二维码可以说是企业数据库营销的入口，商家大可以利用这个入口收集市场消费和用户信息，建立市场及用户资料数据库。在后续的营销中，可通过市场数据库了解消费变化情况。也可通过用户资料数据库和用户一对一地交流和沟通，还可以对重要的客户资料进行精心整理，制作用户专属的二维码，只要扫描该二维码，就可以查看该客户的详细信息，这样一来增加了用户对企业的黏合度，二来能更加方便、有效地向用户推送服务。

由于二维码不仅蕴含产品优惠信息，还蕴含了产品其他信息，用户可以借此了解更多的关于商家的信息，商家要利用好二维码树立企业品牌形象。

另外，由于二维码的便捷性，可以随意贴到大多数地方，用户只要愿意，随时可以拿出手机扫描，所以说小小的二维码就是一座移动的商城，入口小、容量大，利用好潜能巨大。